TASTY TEA

/

Kochen, backen und mixen mit Tee

TASTY TEA

/

Kochen, backen und mixen mit Tee

DK

Inhalt

Was ist Tee?

Wärmendes Getränk, Muntermacher oder regenerierendes Elixier: Tee ist ein wahrer Tausendsassa. Doch was genau ist Tee? Wie wird er geerntet und verarbeitet? Und aus welchen Zutaten besteht er? Erfahrt hier Spannendes rund um das Thema Tee.

Das Kochen mit Tee ist genauso alt, wie das Trinken von Tee selbst.

DIE HEUTIGE TEEKULTUR

Teetrinken ist in! Im Handel findet man heute mehr lose Tees und Teemischungen sowie Geräte für die professionelle Teezubereitung als je zuvor. Eine moderne Teekultur hat sich entwickelt: Für viele gilt es nicht nur, ihr Lieblingsgetränk immer wieder neu zu entdecken. Auch das Interesse an Wissen über Tee steigt stetig.

Bis zu den 1950er-Jahren beherrschten ausschließlich Blatt-Tees den europäischen Markt. Dann änderten sich in den Wirtschaftswunderjahren die Lebensgewohnheiten nach und nach – eine gewisse Bequemlichkeit und Praktikabilität hielten Einzug (Stichwort Convenience) und machten auch vor dem Tee nicht halt: Die praktischen Teebeutel eroberten immer mehr die Haushalte.

TEE ALS ALLTAGSLUXUS

In den letzten Jahren hat sich der Trend zugunsten hochwertiger Blatt-Tees wieder etwas gewandelt: Teetrinken gilt inzwischen für viele als Genuss, für den man sich bewusst Zeit nehmen möchte. Dass das Teetrinken keine temporäre Modeerscheinung ist, beweisen die vielen unterschiedlichen hochwertigen Tees, die es schon seit einiger Zeit nicht nur in Fachgeschäften, sondern auch im Supermarkt zu entdecken gibt. Hier stehen pyramidenförmige Teebeutel mit hochwertigen Blatt-Tees, Jasminperlen, chinesische Grüntees oder White Tips direkt nebeneinander. Tees aus aller Welt sind für uns Alltag geworden. Auch unter Cafés oder Restaurants gibt es einige, die sich auf umfangreiche Teekarten, Tee-Cuisine oder Teecocktails spezialisiert haben. Teeliebhaber können ihr Tee-Know-how in Kursen erweitern – sei es in speziellen Teehäusern oder auch online: So haben das Wissen über die Teekulturen aus aller Welt sowie alte Teezeremonien und Zubereitungsarten wieder Konjunktur und werden durch Produzenten, Händler, Spezialisten und Blogger online weltweit diskutiert, weitergetragen oder zusammen verköstigt. Die Vielfalt der Sorten, Aromen und Verwendungsmöglichkeiten erlauben, dass die Entdeckungsreise Tee weiter spannend bleiben wird.

Aber die aromatische Vielfalt des Tees ist fast zu schade, um sie nur in flüssiger Form zu genießen. Die asiatische Küche macht es uns vor: Dort wird bereits seit Langem Tee auch als Gewürzzutat in der Küche verwendet – mit Recht. Denn wenn es darum geht, Gerichte geschmacklich zu verfeinern oder ihnen sogar eine gänzlich neue Geschmacksrichtung zu verleihen, ist Tee eine stets überraschende wie passende Zutat. Schon im alten China wurde mit Tee geräuchert, pochiert, mariniert und gebeizt. Auch in Japan, Indien und vielen anderen asiatischen Ländern gehört Tee bis heute zum festen Bestandteil der heimischen Küchen. Wie einfach und vielfältig sich Tee als Gewürz beim Kochen, Backen und Mixen von Getränken verwenden lässt, zeigen die raffinierten Rezeptideen in diesem Buch. Lasst euch inspirieren – und ihr werdet mit ganz neuen Geschmackserlebnissen belohnt!

DIE TEEPFLANZE –
eine Pflanze, die die Welt veränderte

Rund um den Globus werden unzählig viele verschiedene Teesorten angebaut, mit unterschiedlichem Aussehen sowie Geschmack – jedoch werden alle Tees aus dieser einen immergrünen Stammpflanze hergestellt: Camellia sinensis, dem Teestrauch.

CAMELLIA SINENSIS

Bei der Teepflanze werden zwei Varietäten voneinander unterschieden: Die Camellia sinensis var. sinensis und die Camellia sinensis var. assamica. Aus der Camellia sinensis var. sinensis, als China-Teestrauch oder China-Saatpflanze bekannt, entstehen Tees, die geschmacklich von leicht und frisch bis voll und malzig reichen können. Sie besitzen ein feineres Aroma als die Teesorten, die von Camellia sinensis var. assamica stammen. An das kühle, frostige Klima angepasst, findet man den kleingehaltenen Strauch in den Höhenlagen Chinas, Taiwans und Japans. Er kann bis zu sechs Meter hoch werden, wenn er nicht zurückgeschnitten wird.

Die Camellia sinensis var. assamica, besser bekannt als Assam-Teestrauch, hat größere Blätter und wächst in tropischen Regionen wie Indien, Sri Lanka und Kenia. Während die Blätter bis zu 20 Zentimeter wachsen können, kann der Strauch selbst bis zu 15 Meter hoch werden. Seine Tees variieren geschmacklich zwischen weich und grasig bis kräftig-malzig.

KULTURSORTEN: DER CHARAKTER EINER PFLANZE

Eine der besten Eigenschaften des Teestrauchs ist, dass er sich seinem Standort und seiner Umgebung ideal anpassen kann. In der Züchtung wird außerdem kontinuierlich danach gestrebt, dass bestimmte Geschmacksprofile oder Resistenzen gegen Trockenheit und Schädlinge in den Teekulturen verstärkt werden und somit dominieren. Durch Kreuzungen sowie natürliche Selektion der beiden Teevarietäten zählt man heute mehr als 500 Kultivare der Teepflanze, von denen manche ausschließlich für eine bestimmte Teesorte gezüchtet wurden, wie zum Beispiel der Da-Bai-Ho-Kultivar für weißen Tee oder der Yabukita, der beliebteste Teekultivar Japans.

Anatomie einer Teepflanze

Die Camellia sinensis ist mit bis zu fünf Ernten im Jahr sehr ertragreich. Jeder Teil der Pflanze wird genutzt, von den zarten Frühlingsknospen bis zu reifen Blättern und kleinen Zweigen.

Die schon **weißen Blütenknospen** öffnen sich zu kleinen weißen Blüten, die Samen produzieren.

Diese **zarten Blattknospen** bilden die Basis von Frühlings- und weißen Tees.

Die feinen Härchen an der **Blattunterseite** heißen »Pekoe«, was gleichzeitig die Kategorienbezeichnung für einen hochwertigen Tee ist.

Aus den **kleinen weißen Blüten** werden Samenkapseln, welche die Teesamen enthalten (siehe unten).

In den **Samenkapseln** sind 1 bis 5 Samen, aus welchen Teeöl hergestellt werden kann.

Ein Blattstiel mit zwei Blättern und einer Blattknospe ist gerade reif für die Ernte.

Die **reiferen Blätter** werden zu Oolong-Tee verarbeitet.

Kleine Zweige werden zu japanischem Kukicha-Tee und in Malawi zu weißem Tee verarbeitet.

Die **glänzenden Blätter** haben einen gezähnten Blattrand.

TEESAMEN

Die runden Samen sind braun, etwa 1cm groß und besitzen teilweise eine flache Seite. Sie zeichnen sich durch eine sehr harte Schale aus und brauchen zum Keimen 4 bis 6 Wochen. Bei sorgfältiger Pflege wachsen sie zu großen Teesträuchern heran.

VON DER PLANTAGE IN DIE KANNE

Die Teeproduktion umfasst eine ganze Reihe wichtiger Arbeitsschritte – diese sowie die Methoden der Verarbeitung unterscheiden sich je nach Land und Region.

WEISSER TEE — SCHWARZTEE & OOLONG — PU-ERH — GRÜNTEE — GELBER TEE

ERNTEN

Die Teeblätter werden zu mehreren Wachstumsperioden geerntet: Gleich zu Beginn des Frühlings (insbesondere in Darjeeling), wenn der »First Flush«, die jungen Blattknospen erscheinen, im frühen Sommer und in einigen Regionen auch noch im Herbst. Am Äquator (zum Beispiel in Kenia) erntet man das ganze Jahr über. In den Hanglagen wird noch von Hand gepflückt, eine schwere Arbeit, die meist von Frauen ausgeführt wird.

WELKEN

Die frischen Teeblätter bestehen zu 75 Prozent aus Feuchtigkeit, die man ihnen vor der Weiterverarbeitung entziehen muss. Die Blätter werden beispielsweise für weißen Tee oder Pu-Erh in der Sonne oder in Fabrikhallen mit einer konstanten Temperatur zwischen 20 °C und 24 °C ausgebreitet, wo sie durchschnittlich 20 Stunden trocknen (die Dauer variiert je nach Teesorte).

ROLLEN

Nach dem Welken weisen die Blattsäfte eine höhere Konzentration auf, sodass die Blätter gerollt, verdrillt oder gelockt werden können. Bei diesem Schritt werden die Zellwände aufgebrochen, sodass bei schwarzen Tees und Oolongs eine optimale Oxidation möglich ist. Bei grünen und gelben Tees treten die Aromastoffe dagegen an die Oberfläche.

FIXIEREN

Diesen Verarbeitungsschritt durchlaufen nur grüne und gelbe Tees. Die Teeblätter lässt man nicht gezielt verwelken, sondern nur kurz durch ein Gebläse trocknen. Um eine Oxidation zu verhindern, werden die Blätter bei starker Hitze so schnell »fixiert«. Dieser Schritt, der auch »Kill Green« genannt wird, erfolgt durch Dämpfen oder Erhitzen in Pfannen, die einem Wok ähneln. Kostbare Aromen und ätherische Öle bleiben so erhalten.

Insbesondere die Arbeitsschritte für handgemachte Tees variieren oft von Dorf zu Dorf und von Hersteller zu Hersteller. Es gibt aber auch Produktionsverfahren, die sich seit Jahrhunderten nicht verändert haben und überall genau gleich ablaufen.
Die entscheidende Phase der Teeproduktion erfordert in China, Indien, Japan und Korea eine Arbeit rund um die Uhr. Das Zeitfenster für die Ernte ist nur sehr kurz, und die Blätter müssen so schnell wie möglich verarbeitet werden: Denn sind sie einmal von der Pflanze getrennt, beginnen die Blätter schon zu welken.

DER PRODUKTIONSABLAUF

Die einzelnen Teesorten unterscheiden sich durch die verschiedenen Verarbeitungsstadien. Schwarztees und Oolongs durchlaufen mehr Schritte als gelber Tee, der den geringsten Arbeitsaufwand aufweist. Die Grafik zeigt die Produktionsschritte der einzelnen Teearten von der Ernte bis zum fertigen Produkt.

OXIDATION

Für die Oxidation werden die Blätter in feuchter Umgebung auf Tischen ausgelegt. Die im Blatt enthaltenen Enzyme wandeln dabei bestimmte Pflanzenstoffe in Theaflavine und Thearubigene um, die für Geschmack und Farbe des Tees verantwortlich sind. Dieser Prozess nimmt mehrere Stunden in Anspruch, bis der Teemeister entscheidet, wann der Prozess abgeschlossen (Schwarztee) oder der gewünschte Grad (Oolong) erreicht ist.

RÖSTEN/TROCKNEN

Ursprünglich wurden die Blätter in einem Korb oder Wok über Holzkohle getrocknet, heute werden in den meisten Fällen hingegen Trommeltrockner verwendet.
Einige Teesorten jedoch, wie der schwarze Lapsang Souchong oder der grüne Longjing, werden noch heute nach traditioneller Methode geröstet, um deren charakteristischen Geschmack bewahren zu können. Ein getrocknetes Blatt weist lediglich noch etwa drei Prozent Restfeuchtigkeit auf.

SORTIERUNG

Nach den einzelnen Verarbeitungsschritten werden die Blätter von Hand oder maschinell sortiert. Einige Maschinen setzen dabei auf Infrarotkameras, welche die verschiedenen Blattgrößen sowie unerwünschte Teile, wie Stängel, erkennen können. Ein mit Sorgfalt und nach orthodoxer Methode aufbereiteter Tee weist weniger Bruchstücke sowie mehr ganze Blätter auf und wird daher als hochwertiger beurteilt.

REIFUNG

Nach dem Rollen werden die Pu-Erh-Blätter gedämpft und für die Reifung zu Ziegeln gepresst. Man unterscheidet zwischen zwei verschiedenen Pu-Erh: Sheng (roh) und Shu (reif). Sheng-Pu-Erh fermentiert natürlich und bildet über lange Zeit Mikroorganismen aus, Shu-Pu-Erh reift über einige Monate in klimakontrollierten Lagerhäusern.

RUHEN

Nach dem Rollen durchläuft der gelbe Tee einen weiteren Schritt, der auch als »Haufenbildung« oder »Men Huang« bezeichnet wird. Dabei werden die Blätter zu Haufen aufgeschichtet und anschließend in einem feuchten Tuch eingewickelt. Diese Kombination von Wärme und Feuchtigkeit verleiht den Teeblättern ihren gelben Farbton.

DIE GROSSE WELT DER TEES

Die weltweite Zahl der Teesorten ist immens, jedoch stammen sie alle von der gleichen Pflanze (S. 12). Jeder Tee wird auf andere Art und Weise hergestellt und weist so ganz individuelle Eigenschaften auf, die seinen Geschmack und seine Stärke kennzeichnen. Es wird zwischen sechs unterschiedlichen Hauptteearten unterschieden. Ihr Aromenspektrum ist dabei sehr breit: Von süß und mild über grasig und zitronig bis hin zu schokoladig und nussig.

GRÜNTEE

Grüner Tee ist nicht oxidiert und zeigt noch am meisten vom ursprünglichen Teeblatt: Die kleine Blattknospe wird im Frühling gepflückt und enthält viele Nährstoffe und Öle, die aus den Wurzeln stammen. Neben seinen gesundheitlichen Vorteilen wird Grüntee auch aufgrund seiner Frische geschätzt. Besonders in Japan und vielen Teilen Chinas ist er ein Grundnahrungsmittel der lokalen Küche. Der grüne Tee kann sehr unterschiedliche Formen annehmen: glatt, nadelartig, wie eine Schnecke oder ganz zu Kugeln gerollt sowie lockig verdreht. Der leuchtend grüne Matcha aus Japan wird aus den gemahlenen Grünteeblättern der Sorte Tencha gewonnen. Damit sich mehr Chlorophyll und Antioxidantien anreichern, werden die Teepflanzen vier Wochen vor der Ernte schattig bedeckt – und erhalten so ihr intensives Grün. Grüntee hat eine Haltbarkeit von sechs bis acht Monaten.

WEISSER TEE

Der Verarbeitungsprozess des weißen Tees ist verhältnismäßig schnell, seine Herstellung beträgt nur zwei bis drei Tage. Dabei nimmt die Oxidation etwa zwei Tage in Anspruch. In dieser Zeit welkt der Tee natürlich und leicht, um im Anschluss bei schwacher Hitze getrocknet, sortiert und noch einmal erhitzt zu werden. Die Teesorte, die vor allem in der Provinz Fujian in China hergestellt wird, weist verschiedene Arten auf: Die einen bestehen aus Blättern und Spitzen, die noch so zart sind, dass sie feinen weißen Flaum haben. Andere Arten bestehen aus größeren Blättern und sind stärker oxidiert. Die Spitzen der Teeblätter enthalten die Antioxidantien Catechine und Polyphenole, die die Immunabwehr stärken. Daher gilt weißer Tee als besonders gesundes Getränk.

OOLONG-TEE

Der Oolong wird auch vorwiegend in der Provinz Fujian hergestellt, vor allem in den Wuyi-Bergen und den Berghängen Taiwans. Für die Teesorte werden reife Blätter sehr aufwendig verarbeitet und teilweise oxidiert. Das Trocknen der Blätter beansprucht ein paar Stunden. Danach werden sie geschüttelt, sodass die Blätter brechen und bei der eintretenden Oxidation alle wichtigen Aromastoffe freigesetzt werden können. Diese Oxidation kann sich ebenfalls einige Stunden hinziehen, bis der Teemeister entscheidet, dass der Tee den richtigen Oxidationsgrad erreicht hat. Die Blätter werden anschließend stark erhitzt, um weiteres Oxidieren zu verhindern, gerollt und erneut erhitzt oder geröstet. Leicht oxidierte Blätter werden zu kleinen dunkelgrünen Pellets geformt, während die stärker oxidierten Oolongs lange, dunkle, gedrehte Blätter aufweisen.

SCHWARZTEE

Der schwarze Tee definiert sich über die vollständige Oxidation. Ein Großteil der weltweiten Schwarzteeproduktion wird für die Teebeutelindustrie angebaut und oft mit anderen Teesorten gemixt, um Mischungen wie Frühstücks- oder Friesentees zu erhalten. In China trägt der schwarze Tee den Namen »roter Tee«, was seine Aufgussfarbe beschreibt. Seine Aromen sind kräftig, malzig, körperreich und anregend. Sie entwickeln sich während der umfassenden Oxidation.

Oolong-Tee

Pu-Erh-Tee

Gelber Tee

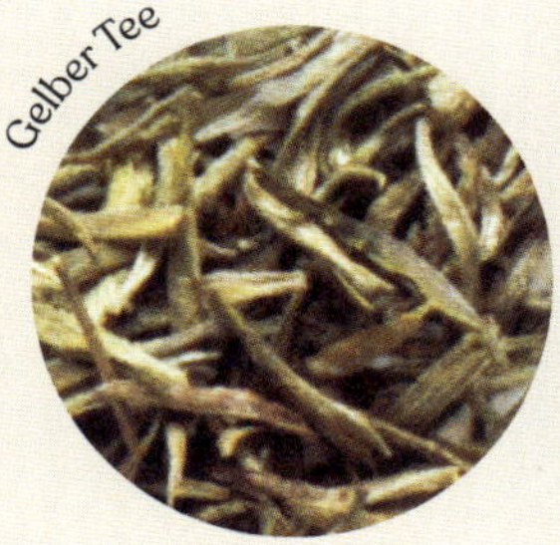

GELBER TEE

Gelber Tee ist sehr selten, da er nur in sehr wenigen Regionen Chinas hergestellt und aufgrund der geringen Quantität kaum exportiert wird. Für die qualitativ besten gelben Tees werden die frischen jungen Blätter zu Beginn des Frühlings geerntet. Gelber Tee zeichnet sich durch seinen frischen und zarten Geschmack aus und erhält seinen Namen durch den leicht gelb schimmernden Farbton der Blätter, der durch den besonderen Verarbeitungsprozess entsteht (S. 14 f.).

PU-ERH-TEE

Der Pu-Erh-Tee erhielt seinen Namen durch die Stadt Pu'er in der chinesischen Provinz Yunnan, in der er hergestellt wird. Der Tee enthält Mikroorganismen mit probiotischen Eigenschaften, die das Immunsystem stärken und die Verdauung fördern können. Nach der Verarbeitung werden die Blätter gedämpft, zu Ziegeln gepresst und mehrere Jahre gereift, bevor der Tee in den Handel geht. Heute ist der Pu-Erh-Tee auch lose erhältlich. Es gibt zwei Arten dieser Teesorte: Sheng (roh), der auf natürliche Weise reift, und Shu (reif), der eine beschleunigte Oxidation durchläuft. Darüber hinaus gibt es noch ähnliche Tees, die in anderen Provinzen Chinas hergestellt werden und im Handel als »dunkler Tee« oder Hei Cha zu finden sind. Nachgereifte Tees, allen voran der Pu-Erh, sind bei Kennern äußerst begehrt. Gerne lassen sie ihn noch jahrzehntelang lagern und weiter reifen, damit sich die Geschmacksnoten von erdig, ledrig bis zu schokoladig und holzig mit der Zeit vertiefen und noch komplexer entwickeln.

KRÄUTERTEE –
ein Name, unzählige Zutaten

Für Kräutertee werden aromatische Kräuter, Blätter, Blüten, Früchte, Samen, Wurzeln oder Rinden aufgegossen. Die gängigsten Zutaten stellen wir euch auf den folgenden Seiten vor.

Kräutertees werden häufig zu Heilzwecken getrunken, da sie sich gesundheitsfördernd auswirken können. Sie stellen eine Alternative zu den koffeinhaltigen Tees der Teepflanze dar und sind als reine Kräutertees oder Mischsorten, heiß oder kalt ein wahrer Genuss.

TEE ODER KEIN TEE?

Da Kräutertees nicht aus der Teepflanze Camellia sinensis produziert werden, sind sie keine Tees im eigentlichen Sinn und werden daher auch als Kräuterdroge, Infusion oder Tisane bezeichnet. Droge bedeutet in diesem Zusammenhang »einfach getrocknete Pflanzenteile«. Nach Lebensmittelrecht dürften sie daher auch nur teeähnliche Erzeugnisse genannt werden. Bis auf Matetee, Guayusa Tee oder Kolanuss- und guaranahaltige Kräutermischungen sind Kräutertees koffeinfrei.

HEILENDE KRÄFTE

Seit Jahrhunderten werden Heilkräuter in der traditionellen chinesischen Medizin und in der indischen Ayurvedalehre zur Behandlung verschiedener gesundheitlicher Probleme eingesetzt. Zahlreiche Wellness-Tees und Kräutermischungen sind heutzutage gängige Heilmittel, die zur Entgiftung, Beruhigung oder Schlafförderung sowie bei Erkältungen und grippalen Infekten lindernd eingesetzt werden. Doch es ist auch Vorsicht geboten: Pflanzen und Kräuter können komplexe chemische Inhaltsstoffe besitzen, die sich unter Umständen nicht mit Medikamenten vertragen oder Allergien auslösen. Erkundigt euch daher auch immer bei eurem Arzt oder eurer Ärztin oder in der Apotheke.

Kräutertee kann je nach Sorte beruhigend oder belebend wirken.

BLÄTTER
als Teezutat

Neben zahlreichen wertvollen Nährstoffen zeichnen sich die Pflanzenblätter auch durch ihre einzigartigen Aromen aus. Diese beruhigenden bis belebenden Aromastoffe erklären die große Vielfalt der in Kräutertees enthaltenen Blätter.

ZITRONENMELISSE

Als Teil der Minzefamilie besitzt die Zitronenmelisse ein besonderes Zitrusaroma. Mit ihren beruhigenden Eigenschaften hilft sie auch bei Erkältungs- und Grippeerkrankungen.

ZITRONENVERBENE

Die Zitronenverbene charakterisiert ein starkes Duftöl und wird so bei Fieber und Erkältung lindernd und gegen Nervosität und Magen-Darm-Beschwerden eingesetzt.

MINZE

Die Blätter der Minze (einschließlich von Pfefferminze und Grüner Minze) werden schon seit Jahrhunderten als Tee bei Erkältungen und Verdauungsstörungen verabreicht. Das im ätherischen Öl der Minze enthaltene Menthol regt die Durchblutung an und bringt so den Kreislauf in Schwung.

MAULBEERBLÄTTER

Maulbeerblätter werden oft in japanischen Kräutertees verwendet, schmecken überraschend süß und können verschiedene Beschwerden wie Husten, Erkältungs- und Grippesymptome, Fieber, Heiserkeit und Kopfschmerzen lindern.

BASILIKUM

Basilikum ist viel mehr als nur ein Gewürz in der Küche – es ist ein starker Entzündungshemmer, reich an Antioxidantien und hilft bei der Behandlung von Erkältungs- und Grippebeschwerden. Die Verbindung von Lakritzsüße und herzhaftem Geschmack macht es zu einer interessanten Zutat in Kräuterteemischungen.

ROOIBOS

Der Kräutertee wird fermentiert und ist häufig eine koffeinfreie Alternative zu Schwarztee. Man findet ihn auch unfermentiert – so dient er als neutrale Basis für Mischungen mit Früchten, Gewürzen und anderen starken Aromaten. Rooibos enthält Antioxidantien und wirkt schlaf-, verdauungs- und durchblutungsfördernd. Sein ausschließliches Anbaugebiet ist die südafrikanische Provinz Westkap.

TULSI

Tulsi stammt aus Indien und wird auch kleines Basilikum genannt. Es wirkt antioxidativ, schmeckt süß und duftet intensiv. Bei Kopfschmerzen, Erkältung, Grippe sowie Beklemmungen kommt Tulsi zum Einsatz und kann auch konzentrations- und gedächtnisfördernd wirken. Die Pflanze sollte idealerweise aus biologischem Anbau stammen, da sie teilweise giftiges Chrom aus dem Boden enthalten kann.

Rooibos

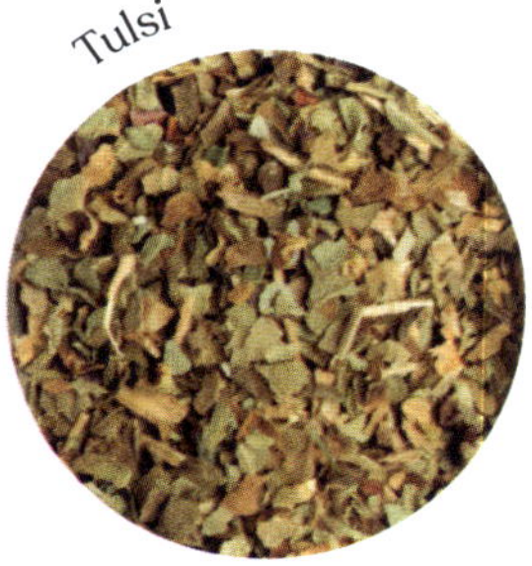
Tulsi

Mate

Salbei

MATE

Den aus den Blättern des Matestrauchs gewonnenen Tee verbindet man vor allem mit Brasilien und Argentinien, wo er traditionell in einem ausgehöhlten Kürbis gebrüht und getrunken wird. Er ist stark koffeinhaltig, und sein Geschmack ähnelt dem von Tabak und Grüntee. Mate ist außerdem dafür bekannt, dass er die geistige Energie und die Stimmung verbessern soll.

SALBEI

Für Salbeitee werden die Blätter des Salbeis frisch oder getrocknet aufgegossen. Die Wirkung seiner Inhaltsstoffe reicht von antibakteriell über beruhigend bis hin zu krampflösend. Insbesondere bei Erkältungen, Entzündungen im Mundraum, Stress, Verdauungsbeschwerden oder Krämpfen ist Salbei ein beliebtes Heilmittel.

BLÜTEN
als Teezutat

Frische oder getrocknete Blüten und Blütenblätter beeinflussen die Farbe und den Geschmack von Kräutertees maßgeblich. Ihre zahlreichen entzündungshemmenden und entgiftenden Eigenschaften machen sie zusätzlich zu einer sehr wertvollen Teezutat.

KAMILLE

Die gänseblümchenartige Kamille wächst sogar zwischen Kies und in Asphaltrissen. Durch ihre entspannende und beruhigende Wirkung kann sie zur Behandlung von Schlafstörungen oder Nervosität eingesetzt werden. Ihre entzündungshemmenden, antibakteriellen und krampflösenden Eigenschaften machen die Kamille zu einer vielseitig anwendbaren Heilpflanze bei inneren wie äußeren Beschwerden.

HOLUNDER

Die duftenden weißen Schirmblüten des Holunderstrauchs blühen im Mai. Bekannt für ihre entzündungshemmenden Eigenschaften, werden sie getrocknet in Kräutermischungen verwendet, die der Entgiftung dienen oder Erkältungs- und Grippebeschwerden abmildern. Die süßen Blüten bilden eine ideale Ergänzung in vielen Kräutertees.

Kamille

Holunder

HIBISKUS

Durch seine tiefrote Farbe kommt der Hibiskus in Kräutertees häufig zum Einsatz. Zudem liefert er eine angenehme Säure. Anthocyane sind für die rote und violette Färbung diverser Früchte verantwortlich und sollen Herz-Kreislauf-Erkrankungen vorbeugen und sogar vor Krebs schützen. Studien zufolge kann Hibiskus gegen Bluthochdruck und einen hohen Cholesterinspiegel helfen. Das enthaltene Quercetin wirkt antioxidativ und antientzündlich.

Hibiskus

LAVENDEL

Lavendel ist bekannt für sein ausgeprägtes und zugleich entspannendes Aroma. Als Klassiker unter den Heilpflanzen kann Lavendel bei Schlafstörungen, Fieber, Beklemmungen, Stress, Erkältungen und Verdauungsproblemen helfen. Zusammen mit Zitronenmelisse wird er außerdem gegen Kopfschmerzen eingesetzt.

ROTKLEE

Rotklee besitzt eine nektarähnliche Süße. Durch seine wasserlöslichen Isoflavone weist er ähnliche Eigenschaften wie das Hormon Östrogen auf und wird so bei Wechseljahresbeschwerden eingesetzt. Außerdem soll Rotklee »schlechtes« Cholesterin (LDL) senken und »gutes« Cholesterin (HDL) fördern und so die Herzgesundheit verbessern.

Lavendel

Rotklee

Gewürznelke

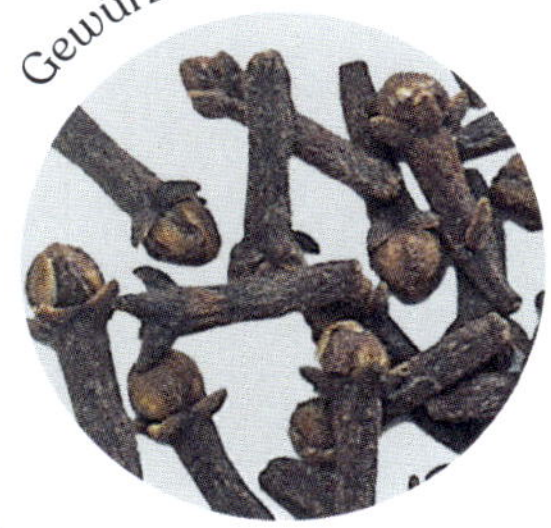

Lindenblüten

LINDENBLÜTEN

Die Blüten des Lindenbaums enthalten Antihistamine, die zur Behandlung von allergischen Reaktionen verwendet werden. Das zudem enthaltene Quercetin ist ein starkes Antioxidans, das DNA-schädigende freie Radikale neutralisiert und entzündungshemmend wirkt. In der Heilpflanzenkunde werden Lindenblüten gegen Husten und Erkältungs- bzw. Grippesymptome eingesetzt. Charakteristisch sind ihr starker Duft und ihr süßlicher Geschmack, der Kräutertees eine blumige Note verleiht.

GEWÜRZNELKE

Die getrockneten Blütenknospen des Gewürznelkenbaums sind bekannt für ihr weihnachtliches Aroma in Getränken, Saucen oder auch Gebäck. Die Gewürznelke ist ein wichtiges wie wirksames Heilmittel, da sie reichlich Antioxidantien enthält und so zur Stärkung der Abwehrkräfte genutzt werden kann. Durch ihren hohen Gehalt an Phenolen besitzt sie außerdem entzündungshemmende Eigenschaften, sodass sie insbesondere als Hausmittel bei Zahnschmerzen bekannt ist.

FRÜCHTE UND SAMEN
als Teezutat

In Früchten und Samen findet man neben einer Vielzahl gesunder Vitamine, Mineralien und sekundärer Pflanzenstoffe, die die Heilwirkung der Kräutertees noch verstärken, auch unzählige interessante Geschmacksrichtungen.

Zitrone

HEIDELBEERE

Die tiefblau violette Farbe der Heidel- oder Blaubeere weist darauf hin, dass sie Antioxidantien enthält, die zur Zell- und Herz-Kreislauf-Gesundheit positiv beitragen und auch gedächtnisfördernd wirken können. Das enthaltene Carotinoid Lutein kann außerdem die Augengesundheit unterstützen.

ZITRONE

Getrocknete oder frisch geriebene Zitronenschale gibt so einigen Kräutermischungen eine sehr erfrischende Note. Zudem wirkt sie positiv auf das Verdauungssystem und die Atmungsorgane und kann bei Heiserkeit, Erkältungen und Arthritis helfen. Dabei empfiehlt es sich, biologisch angebaute Früchte zu wählen, da diese ungespritzt und ungewachst sind und keine giftigen Chemikalien in oder auf der Schale tragen.

Heidelbeere

Hagebutte

Holunderbeere

HOLUNDERBEERE

Wie ihre Blüten (S. 24) enthalten auch die dunkelblauen Beeren des Holunderstrauchs wertvolle Eigenschaften. Die farbgebenden Anthocyane wirken antioxidativ, und Quercetin unterstützt das Immunsystem. Ihren häufigsten Einsatz hat die Holunderbeere bei Husten und Erkältungen, aber auch auf die Augen- und Herzgesundheit kann sie einen positiven Einfluss haben. Verzehrt werden können nur die dunklen, reifen Beeren. Unreife grüne Beeren (und auch die Stiele) sind giftig! Für Tee werden die Beeren getrocknet oder gedörrt.

HAGEBUTTE

Die besten Hagebutten bringt die Wildrose hervor, jedoch gibt es darüber hinaus viele andere heilende Sorten. Die Früchte können durch ihren Gehalt an Vitamin C, Antioxidantien und Carotinoiden gegen Erkältungs- und Grippesymptome sowie Kopfschmerzen und Verdauungsbeschwerden eingesetzt werden. Die enthaltenen Flavonoide nähren die Haut, entzündungshemmende Inhaltstoffe wie Vitamin E können bei Arthritisbeschwerden helfen.

VANILLE

Die Vanilleschote wächst aus den Blüten verschiedener Arten von Orchideengewächsen und enthält das aromatische Vanillemark. Das schwarz-braune Mark schmeckt nicht nur als Gewürz besonders gut, sondern wird seit Langem auch als wichtiges Heil- und Arzneimittel eingesetzt, da es antioxidativ, entzündungshemmend und beruhigend wirkt.

ORANGE

Neben der Orangenschale werden auch die Blüten des Orangenbaums in Teemischungen verwendet. Aufgebrühte Orangenschalen können den Stoffwechsel ankurbeln und das Immunsystem stärken. Die Orangenblütenblätter wirken dagegen beruhigend und kommen bei Einschlafstörungen und Unruhe zum Einsatz.

KARDAMOM

Kardamom gehört zur Familie der Ingwergewächse und stammt aus Südostasien. Die grünen Kardamomkapseln enthalten kleine schwarze Samen, die man meist als Gewürz – häufig in pulverisierter Form – verwendet. Kardamom unterstützt die Verdauung und lindert Erkältungssymptome. Außerdem wirkt er harntreibend und antioxidativ und besitzt entgiftende und entzündungshemmende Eigenschaften.

FENCHEL

Fenchel hat einen süßholzähnlichen Geschmack. Da er verdauungsfördernd wirkt, eignet er sich hervorragend als Tee nach dem Essen. Das in den Samen enthaltene Quercetin stärkt die Immunabwehr. Durch seine entzündungshemmende Wirkung kann Fenchel auch Arthritis lindern.

WACHOLDERBEERE

Der Wacholder ist eine bekannte Heilpflanze und kann ganz verschieden eingesetzt werden. In den Tee kommen vor allem die Beeren des Wacholderstrauchs, die sich durch ihr süßlich-bitteres Aroma auszeichnen. Neben ihrer wärmenden Wirkung fördern sie die Verdauung und sind harntreibend, blutreinigend und antibakteriell.

CRANBERRY

Der immergrüne Cranberrystrauch, auch als Moosbeere bekannt, zählt wie die Heidelbeere zu den Heidekrautgewächsen. Die Beeren enthalten Antioxidantien wie Vitamin C sowie die Mineralstoffe Phosphor und Kalium und können sich als Tee aufgebrüht positiv auf das Immunsystem und die Magen-Darm-Flora auswirken.

WURZELN
als Teezutat

Als Lebensader einer Pflanze ziehen die Wurzeln die Nährstoffe aus dem Boden und transportieren sie in die Blätter und Blüten. Sie besitzen eine dicke, faserige Textur und enthalten wirksame organische Verbindungen. Als Teezutat sind sie wahre Multitalente.

Wurzeln besitzen ihre eigene Mikrokultur von Kleinstorganismen, Insekten und Nährstoffen, die ihnen ihre gesundheitsfördernden Eigenschaften verleihen. In gemäßigten Klimazonen nehmen sie die Nährstoffe aus dem Boden auf und können sie in der Winterzeit speichern, wenn der Stoffwechsel der Pflanze ruht. Am besten erntet man sie an einem trockenen Tag im Frühling, wenn die Pflanze wieder zum Leben erwacht. Die Wurzeln können entweder zum Trocknen aufgehängt werden, wenn sie nicht zu dick oder weich sind, oder langsam im Dörrgerät trocknen. Vorgetrocknete Wurzeln sind auch im Handel erhältlich. Im Folgenden ein Überblick über die gängigsten Wurzeln:

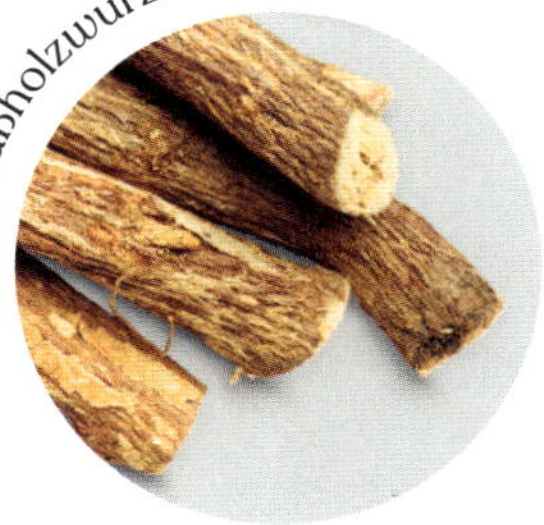
Süßholzwurzel

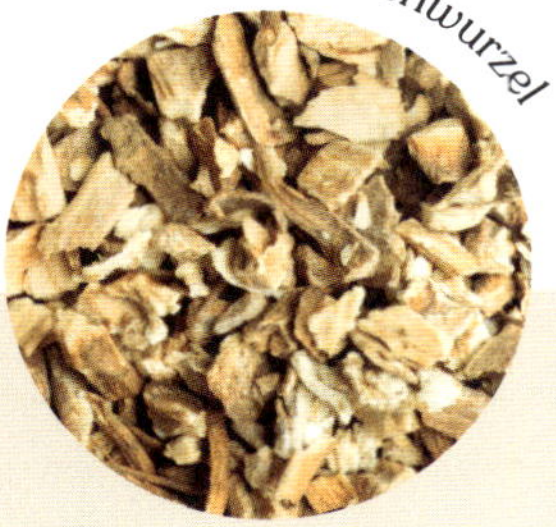
Klettenwurzel

SÜSSHOLZWURZEL

Die faserige Wurzel verleiht dem Tee eine besondere Süße. Sie kann entzündete Schleimhäute in Rachen und Lunge beruhigen und so bei Atemwegserkrankungen Linderung verschaffen. Aber auch bei Magen-Darm-Beschwerden und zur Entgiftung oder Stimmungsaufhellung kann die Wurzel förderlich wirken.

KLETTENWURZEL

Die Pfahlwurzel ist Teil der Pflanze, die man durch ihre stacheligen Blütenköpfe auch als Kletten kennt. Sie enthält den Ballaststoff Inulin, der die Erhaltung einer gesunden Darmflora unterstützt. Die Klettenwurzel wird außerdem zur Behandlung von Akne und Gelenkschmerzen eingesetzt und wirkt harntreibend und blutreinigend. Tees zur Entgiftung, insbesondere der Leber, beinhalten häufig Klettenwurzel.

ZICHORIE

Diese Wildpflanze, die auch Wegwarte genannt wird, erkennt man an ihren hübschen blauen Blüten. Ihre Wurzel wird häufig in Kräutertees verwendet. Wie die Klettenwurzel (siehe links), enthält die Zichorie auch den löslichen Ballaststoff Inulin, der die Darmgesundheit fördert. Die Zichorie entgiftet, kann das Immunsystem stärken und kommt aufgrund ihrer entzündungshemmenden Eigenschaften zur Behandlung von Arthritis zum Einsatz. Durch ihre zusätzliche beruhigende Wirkung wird sie auch als Tee gegen Schlafstörungen verwendet.

LÖWENZAHNWURZEL

Häufig zu Unrecht als Unkraut verschrien, ist der Löwenzahn durch seine entzündungshemmenden Eigenschaften und die Fähigkeit, Schmerzen und Schwellungen zu lindern, eine wertvolle Teezutat. Zusätzlich fördert er die Verdauung und unterstützt die guten Darmbakterien.

Kurkuma

TIPP

Geröstete und getrocknete Wurzeln können als koffeinfreie Alternative zu Tee verwendet werden.

Zichorie
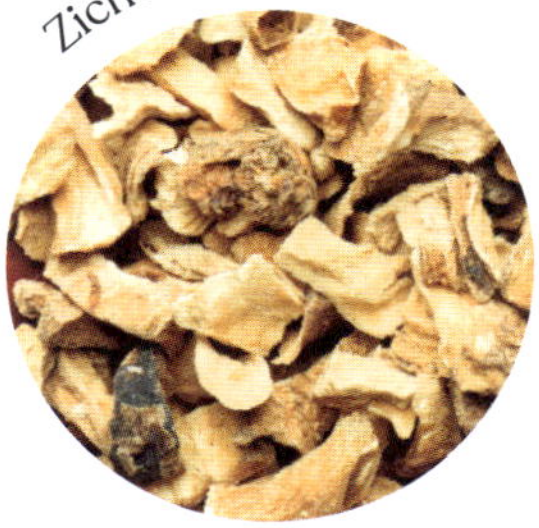

Ingwer

Löwenzahnwurzel
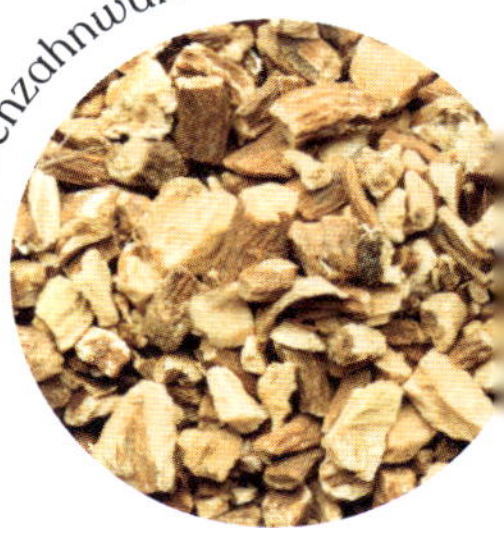

INGWER

Als Gewürz wie auch als charakteristische Teezugabe ist der Ingwer sehr beliebt. Zudem ist er entzündungshemmend und leistet einen wertvollen Beitrag bei der Entgiftung des Körpers. Die enthaltenen Terpene und das Öl des Ingwers regen den Kreislauf an und reinigen das Lymphsystem. Daher eignet sich die Ingwerwurzel im Einsatz gegen Verdauungsbeschwerden, Übelkeit sowie Erkältungs- und Grippebeschwerden.

KURKUMA

Auch als Gelbwurz bekannt, besticht Kurkuma neben ihrer leuchtend gelben Farbe durch ihre besondere Heilkraft. Die antibakterielle und entgiftende Wirkung kann positiv die Darmgesundheit beeinflussen. Auch bei Schnarchen, Atemwegsproblemen oder Hautentzündungen soll Kurkuma helfen.

RINDE
als Teezutat

Wildkirsche

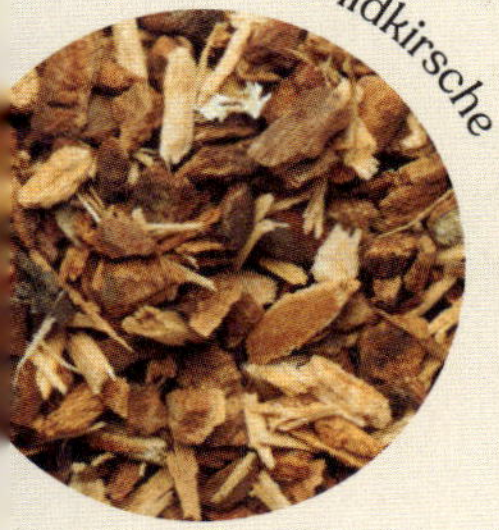

Die Rinde spielt bei der Versorgung der Pflanze ebenfalls eine wichtige Rolle. Lange wurden Rinden bei der Kräutertee-Produktion eher vernachlässigt, doch inzwischen hat man ihr gesundheitsförderndes Potenzial erkannt, sodass es immer mehr Teesorten mit Rinden gibt.

Zimt

Jede Rindenart verleiht dem Aufguss einzigartige Aromen sowie unterschiedliche Heilwirkungen. So sind Rinden hervorragende »Erkältungsbekämpfer«, da sie beruhigen, Schmerzen lindern und durch Antioxidantien immunschützend wirken. Die inneren Schichten der Rinde bilden das Versorgungsband, sie erhalten und nähren die Pflanze. Die Ernte durch falsche Technik kann einen Baum nachhaltig schädigen, daher sollten ausschließlich Fachleute ernten. Zudem empfiehlt es sich, nur Rinden von Bäumen aus nachhaltiger Züchtung zu kaufen.

WILDKIRSCHE

Wildkirschenrinde wird oft zur Hustenlinderung, insbesondere in herkömmlichen Erkältungsmitteln oder Hustensäften eingesetzt. Das enthaltene Prunasin kann die durch Infektionen ausgelösten Entzündungen zurückdrängen. Durch ihren manchmal bitteren Geschmack, der im Mund adstringierend wirkt, sollte Wildkirschrinde mit Kräutern oder Früchten gemischt werden, die diesen Effekt geschmacklich ausgleichen.

Rotulme

Weidenrinde

ZIMT

Die Rinde des Zimtbaums besitzt antioxidative Eigenschaften, die gut bei Erkältungs- und Grippebeschwerden helfen. Zudem wirkt Zimt antibakteriell und entzündungshemmend, fördert die Verdauung, regt den Appetit an und soll auch antikanzerogen sein. Zimtrinde sollte jedoch nur wohldosiert verzehrt werden, da der Inhaltsstoff Kumarin in größeren Mengen die Leber schädigen kann. Im Handel findet man zwei Sorten von Zimt: Kassia und Ceylon. Der auf Sri Lanka angebaute Ceylon-Zimt eignet sich besser für Kräutertees, da er weniger Kumarin enthält.

ROTULME

Die zähflüssige innere Rinde der Rotulme besitzt schmerzlindernde Kräfte. Der Wirkstoff umhüllt die Schleimhäute in Mund, Rachen, Magen und Darm, beruhigt so und hemmt Entzündungen.

WEIDENRINDE

Dank ihres Salicingehalts wird die Weidenrinde als eines der ältesten Schmerzmittel der Welt eingesetzt. Das Salicin wird im Körper zu Salicylsäure umgewandelt und kann so Schmerzen lindern. Salicylsäure wirkt auch gegen Kopfschmerzen und ist zum Beispiel ein Wirkstoff in Aspirin. Ein Aufguss mit Weidenrinde gilt als entzündungshemmend und kann auch bei Erkältungs- und Grippebeschwerden sowie Fieber helfen.

Tee in der Küche

Tee trinken ist schon ein Genuss. Doch wer sich darauf beschränkt, verpasst einiges, denn Tee kann so viel mehr als nur ein leckeres Getränk sein. Ob brühen, dämpfen oder marinieren: Auf den nächsten Seiten lest ihr, wie vielseitig Tee in der Küche einsetzbar ist.

EIN ECHTES MULTITALENT

So bereichert Tee die Küche

Egal, ob ihr Schwarztee-Fans, Früchtetee-Liebhaber oder Grüntee-Genießer seid: Ihr werdet staunen, wie raffiniert euer Favorit beim Kochen und Backen zum Einsatz kommen kann. Mit ihren vielfältigen und zugleich unverwechselbaren Aromen machen die einzelnen Teesorten jedes Gericht oder Getränk zu einem einzigartigen Geschmackserlebnis.

GRÜNTEE

Das leicht grasige, frische Aroma des Grüntees und auch des Matcha passt am besten zu Fisch, Meeresfrüchten oder Hähnchen. In Dips und Saucen mit Milchprodukten wie Joghurt oder Crème fraîche oder in kalten Suppen macht sich die Teesorte ebenfalls sehr gut. In Kombination mit Gemüse wie Gurke oder Tomate und Obst mit hohem Säuregehalt wie Zitrone, Ananas oder Apfel schmeckt grüner Tee besonders fruchtig. Wie vielseitig sich die Teesorte einsetzen lässt, zeigen unsere Rezepte für Pho (S. 115), Tearamisu (S.164) oder Bubble Tea (S. 59).

SCHWARZTEE

Mit seinem herben, würzigen Aroma harmoniert schwarzer Tee sehr gut mit Grillgut oder mediterranem Gemüse wie Tomaten, Zucchini oder Aubergine. Auch in Dressings oder Saucen lässt sich Schwarztee bestens verwenden. Überraschend, aber nicht weniger aromatisch ist sein Einsatz in süßen Gerichten wie Aufstriche, Backwaren, Schokolade und Desserts, zum Beispiel mit Beeren. Wie genussvoll dieses besondere Aroma ist, zeigen Tee-Scones (S. 70), Börek (S. 98) oder Flanksteak mit Tee-Rub (S. 134).

CHAI-TEE

Der Chai-Tee ist sozusagen ein Allrounder, wenn es um Getränke und Gebäck mit wärmenden Aromen geht. Klassisch besteht der würzige Tee aus Ingwer, Nelken, Kardamom, schwarzem Pfeffer und Zimt und passt am besten zu süßen Leckereien. So zelebrieren Chai-Schokolade (S. 54), Chai Toffee Coffee (S. 55), Chai Cookies (S. 82) oder Gewürz-Brownies (S. 88) die süßwürzigen Seiten des Lebens.

ROOIBOS

Dem Rooibos wird ein weiches und mildes Aroma zugeschrieben, teilweise mit einer leichten Vanillenote. Die Teesorte passt daher sehr gut zu Lachs oder Hähnchen sowie zu Meeresfrüchten. Durch den milden bis süßlichen Geschmack macht sich Rooibos auch hervorragend in cremigen Suppen oder Gebäck. In Kombination mit Zitrus- und zahlreichen anderen (exotischen) Früchten sowie wärmenden Gewürzen (zum Beispiel Zimt, Kardamom, Chili) kommt das Rooibos-Aroma richtig zur Geltung. So glänzt die Teesorte in Gerichten wie Zupfbrot (S. 85), Süßkartoffel-Limetten-Suppe (S.118), pochiertem Hähnchenfilet (S. 137) oder Drinks wie Funky Safari (S. 180).

FRÜCHTETEE

Früchtetees können die unterschiedlichsten Bestandteile zur Basis haben und sind somit sehr vielseitig einsetzbar. Früchtetees mit vorwiegend roten Beeren schmecken hervorragend in Eistees wie dem Exotischen Eistee (S. 48) oder in Gebäck wie Apple Pie im Glas (S. 89). Nahezu jeder Früchtetee eignet sich aber genauso zum Aromatisieren von salzigen Speisen wie zum Beispiel Rhabarber-Chutney (S. 92) oder einer frischen Gurken-Ingwer-Suppe (S. 112).

KRÄUTERTEE

Kräutertees geben Süßem wie Deftigem eine besondere kräuterwürzige Note. Je nach Komponenten kann man die Mischungen für Desserts, Suppen, Fleisch oder Fisch verwenden. So verleihen Kräutertees mit Minze ein frisches Aroma. Köstliche Beispiele dafür sind unsere Rezepte Sandkuchen (S. 81), Karottenquiche (S. 102), Gemüsecurry (S. 122) oder Joghurtcreme (S. 158). Kräutertee mit Salbei passt dagegen wunderbar in würzigere Gerichte wie Spinat-Ricotta-Ravioli (S. 124) oder Gemüse-Hack-Gratin (S. 139).

KÜCHENTECHNIK
Teearomen richtig einsetzen

Hierzulande gehört Tee zu den beliebtesten Getränken. So trinken die Deutschen im Jahr pro Kopf rund 26 Liter schwarzen und grünen Tee sowie mehr als 53 Liter Kräuter- und Früchtetee. Das Angebot an Tee, das heute in Supermärkten und im Fachhandel zur Verfügung steht, geht inzwischen weit über die klassischen Teesorten hinaus.

Aber Tee kann so viel mehr als nur als Heißgetränk zu dienen. Genauso vielfältig wie beim Einsatz von Gewürzen sind die Möglichkeiten beim Tee. Schon eine kleine Auswahl an Schwarz-, Grün-, Kräuter-, Früchte- und Gewürztees ist wie ein zusätzliches Gewürzregal, welches die Küche mit einer neuen Welt spannender Aromen bereichert. Das Kochen mit Tee hat insbesondere in der asiatischen Küche bereits eine lange Tradition. Aber auch in der Sterneküche sowie bei ambitionierten Hobbyköchen und -köchinnen ist der Tee schon seit geraumer Zeit eine beliebte Zutat, verfeinert er doch auf unterschiedliche Weise eine Vielzahl von süßen wie deftigen Gerichten.
Ähnlich wie bei Gewürzen gibt es auch beim Tee verschiedene Methoden, Speisen und Getränke zu aromatisieren.

BRÜHEN

Die nächstliegende Art, dem Tee sein Aroma zu entlocken, ist das Aufbrühen mit Wasser. Der Tee eignet sich so gut als Ersatz für herzhafte Brühen oder als Garflüssigkeit für Reis, Pasta und Gemüse. Da es beim Kochen und Backen aber möglichst wenig Bitterstoffe oder Säure geben soll, empfiehlt es sich – besonders für Schwarz- und Grüntees –, das Wasser nicht über 80 °C zu erhitzen und den Tee nicht länger als fünf Minuten ziehen zu lassen. Reine Früchte- und Kräutertees können hingegen für ein intensiveres Aroma gerne etwas mehr Zeit bekommen. Wer es besonders mild haben möchte, der lässt den Tee in Wasser mit Raumtemperatur 20 bis 30 Minuten ziehen.

DÄMPFEN

Die schonendste Weise, Gemüse und zarten Fisch zuzubereiten, ist das Dämpfen. Das geht entweder mit einem Dampfgarer, einem Dämpfeinsatz im Topf oder den runden Bambuskörbchen aus dem Asialaden. Durch die Zugabe von Tee zur Dämpfflüssigkeit wird das Dämpfgut leicht aromatisiert. Besonders gut eignen sich dafür kräftige Schwarz- oder Gewürztees.

POCHIEREN

Das Pochieren ist ebenfalls eine gute Garmethode für empfindliche Speisen. Hierbei wird das Gargut in einer Flüssigkeit unterhalb des Siedepunktes gegart. Kräutertees mit Zitrusnote verleihen zum Beispiel Fisch oder Hähnchen damit eine besonders frische Note.

AROMATISIEREN

Das Aromatisieren von Geschmacksträgern wie Öl, Essig, Butter, Sahne oder auch Alkohol ist eine Vorstufe bei der Zubereitung von Mayonnaisen, Vinaigrettes, Marinaden, Desserts und vielem mehr. Um Öl zu aromatisieren, nimmt man am besten

möglichst geschmacksneutrale Öle wie Sonnenblumen- oder Rapsöl. Kräutertees mit nur geringem oder keinem Schwarzteeanteil eignen sich besonders gut, da sie wenig Bitterstoffe abgeben. Und so wird es gemacht: Den Tee mit etwas Wasser anfeuchten und dann mit dem Öl in einem Topf bei etwa 70 °C 20 bis 30 Minuten ziehen lassen. Die Temperatur lässt sich am besten mit einem Bratenthermometer kontrollieren. Den Topf vom Herd nehmen, das Öl abkühlen lassen, durch ein feines Sieb passieren und in eine passende Flasche abfüllen. Schön verpackt und liebevoll beschriftet, ist das aromatisierte Öl so auch ein tolles Geschenk.

Essig zu aromatisieren ist etwas zeitaufwendiger, da er nicht erhitzt wird. So funktioniert es: Essig mit aufgebrühtem, abgekühltem Tee (inklusive Teegut) in ein heiß ausgespültes Glas geben. Dieses verschließen und mindestens eine Woche ziehen lassen. Danach den aromatisierten Essig durch ein Sieb passieren und in ein geeignetes Gefäß füllen. Sehr fein schmeckt zum Beispiel die Kombination aus mildem weißem Balsamicoessig und Kräuter- oder auch Früchtetee.

MARINIEREN

Beim Marinieren werden rohe Lebensmittel – Fleisch, Fisch oder Gemüse – in eine würzige und säurehaltige Flüssigkeit eingelegt. Durch die Säure dringen die Gewürze besser ins Lebensmittel ein, und langfaseriges Fleisch beispielsweise wird dadurch zarter. Zum Aromatisieren eignen sich sowohl Schwarz- als auch Gewürz- und Kräutertees. Diese werden entweder gemörsert oder in einer Gewürzmühle zu feinem Pulver gemahlen und dann zu einer Marinade verarbeitet. Vor allem Fleisch lässt sich auch gut in Trockenmarinade (Rub) einlegen: Dafür wird es mit einer Tee-Gewürz-Mischung eingerieben.

RÄUCHERN

Fügt man beim Heißräuchern von Fleisch und Fisch den Räucherchips aus Holz eine Handvoll Teeblätter hinzu, erhält das Räuchergut ein einzigartiges Aroma. Das Räuchern mit Tee funktioniert aber auch in der Küche. Den Tee direkt in einen Edelstahltopf geben. Das Räuchergut in einen Dämpfeinsatz darüber platzieren, den Topf mit einem Deckel verschließen und Fleisch oder Fisch bei mittlerer Hitze durchgaren. Bei Fischfilet dauert das, je nach Größe, 5–10 Minuten. Da der Tee nicht verbrennt, entsteht dabei relativ wenig Rauch, den ein Abzug über dem Herd in der Regel gut bewältigt.

Wellness-Getränke

Erfrischend, wärmend oder sanft belebend: In diesem Kapitel findet ihr köstliche Getränke für jede Tageszeit. Lehnt euch zurück und genießt so manches bekannte Getränk dank feiner Teearomen mit einem ganz neuen Twist.

EXOTISCHER EISTEE
SAFARI-EISTEE

MOUNTAIN-EISTEE
RHABARBER-PFIRSICH-EISTEE

Ergibt 4 Gläser (à 250 ml)

etwa 10 Minuten (ohne Abkühlzeit)

Früchtetee mit roten Beeren

ZUTATEN

6 TL Früchtetee mit roten Beeren
250 ml Maracuja- oder Ananassaft
50 ml Grenadinesirup
Eiswürfel zum Servieren
4 Erdbeeren und einige Minzeblätter für die Deko

EXOTISCHER EISTEE

Früchtetee mit roten Beeren ist die Basis für diesen exotisch-fruchtigen Eistee. In Kombination mit Maracuja- oder Ananassaft ergibt sich die ideale Erfrischung an heißen Sommertagen.

1 Den Früchtetee mit 250 ml Wasser aufbrühen, ziehen und abkühlen lassen.

2 Saft und Sirup in eine Karaffe geben. Den Teesud durch ein feines Sieb in die Karaffe gießen und den Eistee mit kaltem Wasser zu 1 Liter auffüllen.

3 Zum Servieren Eiswürfel in vier Gläser geben und mit dem Eistee auffüllen. Erdbeeren waschen, putzen und halbieren. Minze waschen und trocken schütteln. Den Eistee mit Erdbeeren und Minze dekorieren.

Ergibt 4 Gläser (à 250 ml)

etwa 10 Minuten (ohne Abkühlzeit)

Rooibos mit Orange

ZUTATEN

6 TL Rooibos mit Orange
250 ml naturtrüber Apfelsaft
50 ml Agavendicksaft
2 Bio-Zitronen
Eiswürfel zum Servieren
Bio-Zitronenstücke und -zesten für die Deko

SAFARI-EISTEE

Lust auf ein kulinarisches Abenteuer? Dieser Eistee mit einer Rooibos-Orange-Mischung ist genau das Richtige für sommerliche Safaris am Badesee.

1 Den Rooibos-Tee mit 250 ml Wasser aufbrühen, ziehen und abkühlen lassen. Apfelsaft und Agavendicksaft in eine Karaffe geben. Den Teesud durch ein feines Sieb in die Karaffe gießen und mit kaltem Wasser zu 1 Liter auffüllen.

2 Zum Servieren die Zitronen heiß waschen, trocken reiben und jeweils in Achtel schneiden. Diese auf vier Gläser verteilen und leicht andrücken. Mit Eiswürfeln und Eistee auffüllen. Mit Zitronenstücken und -zesten garnieren.

MOUNTAIN-EISTEE

Für alle, die Salbeitee bislang nur gegen Halsschmerzen trinken: Lasst euch überraschen, wie köstlich der Kräutertee auch in gekühlter Form schmecken kann!

/

1 Den Kräutertee mit 250 ml Wasser aufbrühen, ziehen und abkühlen lassen. Saft und Sirup in eine Karaffe geben. Den Teesud durch ein feines Sieb in die Karaffe gießen und mit kaltem Wasser zu 1 Liter auffüllen.

2 Zum Servieren die Limetten heiß waschen, trocken reiben und jeweils in Achtel schneiden. Diese auf vier Gläser verteilen und leicht andrücken. Mit Eiswürfeln und Eistee auffüllen. Mit Limettenstücken und Minze dekorieren.

Ergibt 4 Gläser (à 250 ml)

etwa 10 Minuten (ohne Abkühlzeit)

Kräutertee mit Salbei

ZUTATEN

6 TL Kräutertee mit Salbei (z. B. Total Reset von samova)
250 ml naturtrüber Apfelsaft
50 ml Karamell- oder Ingwersirup
2 Bio-Limetten
Eiswürfel zum Servieren
Bio-Limettenstücke und Minzeblätter für die Deko

RHABARBER-PFIRSICH-EISTEE

Perfekt für heiße Sommertage - kräftiger Earl Grey trifft frische Fruchtaromen. Mit Pfirsich und Eis eine willkommene Abkühlung.

/

1 Den Tee mit 250 ml Wasser aufbrühen, ziehen und abkühlen lassen.

2 Säfte und Sirup in eine Karaffe geben. Den Teesud durch ein feines Sieb in die Karaffe gießen und mit kaltem Wasser zu 1 Liter auffüllen.

3 Zum Servieren Eiswürfel und Eistee in vier Gläser geben und mit Pfirsichspalten dekorieren.

Ergibt 4 Gläser (à 250 ml)

etwa 10 Minuten (ohne Abkühlzeit)

Earl Grey

ZUTATEN

6 TL Earl Grey
60 ml Orangensaft
125 ml Rhabarbersaft
50 ml Pfirsich- oder Rohrzuckersirup
Eiswürfel zum Servieren
einige Pfirsichspalten für die Deko

Ergibt 2 Gläser (à 250 ml)

etwa 10 Minuten (ohne Abkühlzeit)

Minztee

ZUTATEN

4 TL Minztee
1 Avocado
1 grüne Paprikaschote
½ Bio-Salatgurke
1 Bund Bärlauch (falls vorhanden)
2 EL Ahornsirup
2 EL Joghurt
Salz (nach Belieben)
Minzeblätter für die Deko

MINT SMOOTHIE

Ihr mögt es grün und gesund? Dann ist dieser Smoothie genau das Richtige für euch, denn grüner geht es nicht! Frischer Minztee sorgt dabei für einen schwungvollen Start in den Tag.

1 Den Minztee mit 400 ml Wasser aufbrühen, ziehen lassen, durch ein Sieb gießen und abkühlen lassen.

2 Die Avocado halbieren, den Stein entfernen und das Fruchtfleisch mit einem Löffel aus den Schalen heben. Paprika längs halbieren, entkernen und waschen. Gurke waschen. Beides in Stücke schneiden. Den Bärlauch waschen, trocken schütteln und grob hacken.

3 Alles mit Ahornsirup und Joghurt in den Standmixer geben und gut durchmischen. Nach Belieben mit Salz abschmecken. Den Mint Smoothie auf zwei Gläser verteilen. Minze waschen und trocken schütteln. Den Smoothie damit dekorieren.

Ergibt 2 Gläser (à 250 ml)

etwa 10 Minuten (ohne Abkühlzeit)

Früchtetee mit Mango

ZUTATEN

4 TL Früchtetee mit Mango
1 reife Mango
1 Banane
10 g frische Kurkuma (oder ½ TL gemahlene Kurkuma)
2 EL Agavendicksaft
2 EL Joghurt
Saft von 1 Limette
Minzeblätter für die Deko

FRUITY SMOOTHIE

Fruchtsmoothies sind eine tolle Alternative für ein gesundes Frühstück oder ein leichtes Mittagessen. Früchtetee statt Fruchtsaft rundet nicht nur den Geschmack ab, sondern enthält auch keinen Zucker.

1 Den Früchtetee mit 400 ml Wasser aufbrühen, ziehen lassen, durch ein Sieb gießen und abkühlen lassen.

2 Die Mango schälen und das Fruchtfleisch vom Stein schneiden. Die Banane schälen und in Stücke schneiden. Die Kurkuma schälen (am besten mit Einmalhandschuhen, da sie sehr stark färbt!).

3 Alles mit den restlichen Zutaten in den Standmixer geben und gut durchmischen. Den Fruity Smoothie auf zwei Gläser verteilen. Minze waschen und trocken schütteln. Den Smoothie damit dekorieren.

FRUITY SMOOTHIE
MINT SMOOTHIE

MATCHA LATTE
CHAI-SCHOKOLADE

CHAI TOFFEE COFFEE
STRAWBERRY ROYALE

Ergibt 1 Glas (250 ml)

etwa 10 Minuten

Matchatee

ZUTATEN

1 TL Matchatee
150 ml aufgeschäumte Milch
Ahornsirup zum Süßen (nach Belieben)

MATCHA LATTE

Matcha Latte ist eine leckere Abwechslung zum morgendlichen Kaffee. Gegenüber Koffein macht das enthaltene Teein sanfter wach, und die anregende Wirkung hält etwas länger an.

1 Den Matchatee mit etwa 80 ml heißem Wasser (80 °C) in einer Schale mit einem kleinen Schneebesen gut verrühren.

2 Dann in ein Glas oder eine Tasse gießen und mit der aufgeschäumten Milch auffüllen. Nach Belieben mit Ahornsirup süßen.

TIPP

Für einen veganen Matcha Latte einen pflanzlichen Drink wie z. B. Haferdrink verwenden.

Ergibt 1 Glas (250 ml)

etwa 5 Minuten

Chai-Tee

ZUTATEN

200 ml Milch (oder Haferdrink)
4 TL Trinkschokolade
30 ml Chai-Tee, frisch gebrüht
Kakaopulver für die Deko

CHAI-SCHOKOLADE

Heiße Schokolade einmal anders – mit würzigem Chai-Tee wird daraus ein belebend-wohltuendes Getränk für kalte Tage.

1 Die Milch aufschäumen, Trinkschokolade einrühren und in ein Glas füllen.

2 Den heißen Chai-Tee vorsichtig dazugeben und die Chai-Schokolade mit etwas Kakaopulver dekorieren.

CHAI TOFFEE COFFEE

Wenn sich süßsahniges Toffee mit würzigem Chai-Tee und Kaffee verbindet, wird daraus das perfekte Wohlfühlgetränk zur Teatime.

Ergibt 1 Glas (250 ml)

etwa 15 Minuten

Chai-Tee

ZUTATEN

25 g Sahne
50 ml Milch
20 g Sahnetoffee (Bonbons)
60 ml Chai-Tee, frisch gebrüht
60 ml Kaffee, frisch gebrüht
Kakaopulver für die Deko

1 Sahne und Milch in einem Topf erwärmen. Toffee hacken und in der Sahne-Milch-Mischung schmelzen. Die Mischung aufschäumen und in ein Glas eingießen.

2 Chai und Kaffee mischen und dazugeben. Mit Kakaopulver dekorieren.

STRAWBERRY ROYALE

Sundowner für die kalte Jahreszeit: Der raffinierte Mocktail auf Chai-Teebasis überrascht mit seinem Potpourri an fruchtigen Aromen. Cheers!

Ergibt 1 Glas (250 ml)

etwa 10 Minuten (ohne Abkühlzeit)

Chai-Tee

ZUTATEN

2 TL Chai-Tee (z. B. Space Cookie von samova)
80 ml Erdbeerpüree (Fertigprodukt)
3 Eiswürfel
20 g Sahne
10 ml Mandelsirup
10 ml Maracujasirup
1 Mini-Lebkuchen für die Deko

1 Den GChai-Tee mit 200 ml Wasser aufbrühen, ziehen lassen, durch ein Sieb gießen und abkühlen lassen.

2 Ein Cocktailglas mit Erdbeerpüree befüllen und darauf die Eiswürfel geben. Sahne und beide Sirupsorten in einem extra Glas miteinander verrühren und dann in das Glas mit dem Erdbeerpüree gießen. Mit Tee auffüllen.

3 Den Mini-Lebkuchen auf einen Holzspieß stecken und den Mocktail damit dekorieren.

BUBBLE TEA

Bubble Tea, das Trendgetränk aus Asien, gibt es seit einigen Jahren auch hierzulande und wird sogar in speziellen Bubble Tea Läden angeboten. Der Clou: Die kleinen Stärkeperlen auf der Zunge zerplatzen lassen!

Ergibt 4 Gläser (à 250 ml)

etwa 2½ Stunden (inklusive Abkühlzeit)

Grüntee

ZUTATEN

3 TL Grüntee
1 TL Zucker
10 g Kakaopulver
150 g Tapiokastärke
95 g brauner Zucker
Eiswürfel zum Servieren
etwa 200 ml Milch

1 Den grünen Tee mit 800 ml Wasser aufbrühen, ziehen lassen, durch ein Sieb gießen und abkühlen lassen. Mit dem Zucker süßen.

2 Den Kakao mit 125 g Tapiokastärke vermengen. 60 g braunen Zucker, 5 g Tapiokastärke und 70 ml Wasser in einen Topf geben und rühren, bis die Stärke sich auflöst. Bei schwacher Hitze zum Kochen bringen, bis eine karamellartige Konsistenz entsteht. Vom Herd nehmen.

3 Die Mischung aus Tapiokastärke und Kakao hinzufügen und kurz umrühren. Etwas abkühlen lassen. Danach zu einem homogenen Teig kneten. Teig in vier Teile teilen und diese jeweils zu Rollen formen. Von den Rollen kleine, etwa 5 mm breite Stücke schneiden und zu Kugeln formen. Die Kugeln in der restlichen Stärke (20 g) wenden.

4 Wasser aufkochen, die Tapiokaperlen hinzufügen und bei mittlerer Hitze 20 Minuten kochen lassen. Anschließend den Topf vom Herd nehmen, Deckel auflegen und die Kugeln etwa 30 Minuten ziehen lassen. Danach das Wasser abgießen.

5 Den restlichen braunen Zucker (35 g) sowie 50 ml Wasser in einem Topf aufkochen und bei schwacher Hitze zu einem Sirup einkochen. Die Perlen dazugeben und untermischen.

6 Die Tapiokaperlen samt Sirup auf vier Gläser verteilen. Eiswürfel dazugeben und mit dem grünen Tee und der Milch auffüllen.

DETOX DELUXE
SMOOTH STARTER

KOMBUCHA

Ergibt 1 Glas (250 ml)

etwa 10 Minuten
(ohne Abkühlzeit)

Früchtetee mit Ingwer

ZUTATEN

1 TL Früchtetee mit Ingwer (z. B. Digital Detox von samova)
20 ml Limettensaft
30 ml Ananassaft
4 Eiswürfel
1 dünne Scheibe Apfel
1 Scheibe Ingwer
1 Apfelspalte für die Deko

DETOX DELUXE

»Frühjahrsputz« von innen: Dieser fruchtige Drink mit leichter Ingwernote hilft beim Runterkommen, Abschalten und Entgiften. Perfekt für eine Detoxkur im Frühling!

/

1 Den Früchtetee mit 200 ml Wasser aufbrühen, ziehen lassen, durch ein Sieb gießen und abkühlen lassen.

2 Tee mit Limetten- und Ananassaft mischen. Zuerst die Eiswürfel und danach den Teemix in ein Glas geben. Apfel- und Ingwerscheibe hinzufügen und gut umrühren. Das Glas mit der Apfelspalte dekorieren.

Ergibt 1 Glas (250 ml)

etwa 10 Minuten
(ohne Abkühlzeit)

Kamillentee

ZUTATEN

1 TL Kamillentee
30 ml naturtrüber Apfelsaft
1 TL Limettensaft
20 ml Holunderblütensirup
1 TL Grenadinesirup
Minzeblätter für die Deko

SMOOTH STARTER

Dass Kamillentee zu Unrecht etwas Altmodisches anhängt, beweist dieser Drink, in dem sich sanfte Kamille mit fruchtigen Säften verbindet. Für einen geschmeidigen Start in den Tag – oder in die Nacht.

/

1 Den Kamillentee mit 200 ml Wasser aufbrühen, ziehen lassen und durch ein Sieb in ein Glas gießen.

2 Apfelsaft, Limettensaft, Holunderblüten- und Grenadinesirup dazugeben, gut verrühren und nach Belieben mit Minze dekorieren. Am besten noch warm trinken.

KOMBUCHA

Kombucha, das gesunde, leicht säuerliche Erfrischungsgetränk aus Asien, entsteht durch Fermentierung mithilfe des Kombuchapilzes. Diesen Pilz sowie die Ansatzflüssigkeit kann man ganz einfach im Internet bestellen.

Ergibt 1 Liter

etwa 30 Minuten (plus etwa 9 Tage Fermentationszeit)

Grüntee

ZUTATEN

Für den Kombucha:

4 TL Grüntee
100 g Rohrzucker
100 ml Ansatzflüssigkeit
1 Kombuchapilz

Außerdem:

1 Gärgefäß aus Glas (mit 1,5 l Volumen)
1 luftdurchlässiges Abdecktuch

1 In einem Topf 1 l Wasser aufkochen, den Tee dazugeben und etwa 15 Minuten ziehen lassen. Tee durch ein feines Sieb in das Gärgefäß abgießen und den Zucker dazugeben. So lange umrühren, bis sich der Zucker vollständig aufgelöst hat. Den gezuckerten Tee auf Zimmertemperatur abkühlen lassen.

2 Die Ansatzflüssigkeit dazugeben und den Kombuchapilz vorsichtig in das Gefäß legen. Das Abdecktuch über die Öffnung legen und mit einem Gummi oder einer Schnur befestigen.

3 Kombucha bei Zimmertemperatur 7 Tage fermentieren lassen. Dann prüfen, ob der gewünschte Säuregrad schon erreicht ist. Entweder den Kombuchapilz vorsichtig herausnehmen und zum Aufbewahren in ein sauberes Glasgefäß in etwas Kombuchaflüssigkeit einlegen (siehe Tipp) oder das Getränk noch weitere 1 bis 2 Tage fermentieren lassen. Kombucha durch ein feines Sieb in Flaschen abfüllen und bis zum Trinken kühl aufbewahren.

Wichtig:
Keine Metallgefäße verwenden – die organischen Säuren, die der Kombuchapilz bildet, können mit dem Metall chemisch reagieren und dadurch den Kombucha verunreinigen. Gärgefäß auch nur mit Wasser (ohne Spülmittel) reinigen.

TIPP

Wenn mit dem Kombuchapilz nicht gleich wieder die nächste Runde angesetzt werden soll, hält er sich, mit Flüssigkeit bedeckt, auch einige Zeit im Kühlschrank.

Brunch & Teatime

Mit der Familie oder Freunden mal wieder gemütlich bei einem ausgedehnten Frühstück oder auch zur Teatime schlemmen? Hier findet ihr leckere Rezeptideen, bei welchen garantiert für jeden etwas dabei ist. Nur die Entscheidung, ob süß oder herzhaft, wird nicht ganz leicht.

ORANGE CURD
ZITRONENMARMELADE

MINZ-TEE-GELEE
KARAMELLAUFSTRICH

Ergibt 1 Glas (200 ml)

etwa 20 Minuten (plus 15 Minuten Ziehzeit)

Rooibos mit Vanille

ZUTATEN

2 TL Rooibostee mit Vanille
2 Bio-Orangen
150 g Zucker
3 Eier
75 g weiche Butter

ORANGE CURD

Curd ist der traditionelle britische Brotaufstrich aus Südfrüchten wie Zitronen oder Orangen. In dieser Version harmoniert fruchtige Orange bestens mit kräftigem Rooibos-Vanille-Aroma.

1 Tee in eine kleine Schale geben und wenig heißes Wasser dazugießen, sodass der Tee gerade bedeckt ist. 10 Minuten ziehen lassen. Inzwischen Orangen heiß waschen, trocken reiben und die Schale fein abreiben. Saft auspressen und mit dem Tee in einem Topf aufkochen. Vom Herd nehmen, Orangenschale unterrühren und 5 Minuten ziehen lassen. Mix durch ein feines Sieb in eine Metallschüssel gießen, dabei den Tee gut ausdrücken.

2 Zucker und Eier hinzufügen und alles über dem heißen Wasserbad aufschlagen, bis die Masse eine puddingartige Konsistenz hat. Butter in Flocken unterrühren. Orange Curd in ein sterilisiertes Schraubglas einfüllen, verschließen und abkühlen lassen. Er hält sich im Kühlschrank mehrere Wochen.

Ergibt 5 Gläser (à 100 ml)

etwa 20 Minuten (plus 3 Tage Ziehzeit)

Kräutertee mit Minze

ZUTATEN

900 g Bio-Zitronen
700 ml Kräutertee mit Minze
500 g Zucker (je nach gewünschter Süße)
3 EL Grappa

ZITRONENMARMELADE

Knuspriger Toast mit leicht bitterer Zitronenmarmelade? Das allein ist schon ein Gedicht! Dazu die feine Minznote des Tees und ein Hauch Italien liegt einem auf der Zunge.

1 Am Vortag Zitronen heiß waschen, die Enden abschneiden und Zitronen vierteln. Kerne entfernen und Zitronenviertel in dünne Scheiben schneiden. In einen Topf geben. So viel Tee einfüllen, dass die Scheiben gerade bedeckt sind, und zugedeckt einen Tag bei Raumtemperatur stehen lassen.

2 Am nächsten Tag die Zitronenmasse bei mittlerer Hitze offen etwa 30 Minuten einkochen, bis die Zitronenstückchen zerfallen sind – durch das in den Schalen enthaltene Pektin bindet die Marmelade. Die Masse mit dem Stabmixer leicht pürieren, sodass noch Stückchen von der Schale übrig bleiben. Zucker unterrühren und Marmelade weitere 7 Minuten kochen. Vom Herd nehmen und Grappa unterrühren. Marmelade heiß in sterilisierte Schraubgläser füllen, verschließen und mindestens 2 Tage unbewegt stehen lassen.

MINZ-TEE-GELEE

Normalerweise trinken die Briten Schwarztee zum Gebäck mit Minzaufstrich. Hier kommt der Tee direkt ins Gelee und verleiht diesem dadurch einen unvergleichlichen Geschmack.

Ergibt 5–6 Gläser (à 250 ml)

etwa 20 Minuten

Schwarztee mit Minze

ZUTATEN

4 TL Schwarztee mit Minze
1 Bund Minze
1 Bio-Zitrone
500 g Gelierzucker (2:1)

1 Schwarztee mit 900 ml kochendem Wasser überbrühen und 4 Minuten ziehen lassen. Minze waschen und trocken schütteln, die Blätter abzupfen und in feine Streifen schneiden. Zitrone heiß waschen, trocken reiben und die Schale mit dem Sparschäler abschälen. Zesten in feine Streifen schneiden. Die Zitrone auspressen.

2 Den Tee durch ein feines Sieb in einen Topf gießen, mit Zitronensaft und Gelierzucker mischen. Sprudelnd aufkochen, dann Minze und Zitronenzesten unterrühren. Minz-Tee-Gelee heiß in sterilisierte Gläser füllen, sofort verschließen und umgedreht auf dem Deckel auskühlen lassen.

KARAMELLAUFSTRICH

Dieser Brotaufstrich schmeckt nicht nur herrlich nach Karamell, sondern bringt dazu noch eine kräftige Schwarzteenote mit aufs Brot.

Ergibt 1 Glas (150 ml)

etwa 15 Minuten (plus 30 Minuten Ziehzeit)

Schwarztee

ZUTATEN

100 g Sahne
15 g Schwarztee
30 g brauner Zucker
20 g Butter
Salz

1 Die Sahne in einem Topf aufkochen und den Tee hinzufügen. Vom Herd nehmen und mindestens 30 Minuten ziehen lassen.

2 Den Zucker in einem hohen Topf bei mittlerer Hitze goldgelb karamellisieren. Butter hinzufügen und mit einem Holzlöffel unterrühren. Schwarztee-Sahne langsam durch ein feines Sieb in die heiße Zuckermasse gießen. Vorsicht, die Masse fängt sofort an zu sprudeln! Leicht einköcheln lassen. Dann 1 Prise Salz hinzufügen und umrühren.

3 Die Karamellmasse in ein sterilisiertes Schraubglas füllen, verschließen und umgedreht auf dem Deckel auskühlen lassen. Der Aufstrich hält sich kühl gelagert etwa 3 Monate.

TIPP

Der Sahnekaramell lässt sich auch gut mit Früchte- und Kräutertees aromatisieren.

Ergibt etwa 20 Stück

etwa 30 Minuten (plus 30 Minuten Kühlzeit)

Schwarztee mit Waldfruchtaromen

ZUTATEN

500 g Mehl, plus mehr zum Verarbeiten
1 Päckchen Backpulver
35 g Schwarztee mit Waldfruchtaromen
110 g Butter, gewürfelt
100 g Zucker
300 ml Milch
3 kleine Eier

TEE-SCONES

Diese Scones bringen den Tee schon mit! Dazu Zitronenmarmelade (S. 68) und Clotted Cream, und die typisch britische Teatime ist perfekt.

1 Mehl und Backpulver in einer Rührschüssel mischen. Tee im Mörser oder in der Gewürzmühle fein mahlen und zur Mehlmischung geben. Butterwürfel und Zucker hinzufügen und alles mit den Knethaken des Handrührgeräts langsam vermischen. 250 ml Milch und 2 Eier nach und nach unterkneten, bis ein homogener Teig entsteht. Den Teig 30 Minuten kühl stellen.

2 Den Backofen auf 190 °C vorheizen. Teig auf der bemehlten Arbeitsfläche etwa 4 cm dick ausrollen und mit einem runden Ausstecher (Ø 6 cm) Scones ausstechen.

3 Restliches Ei mit übriger Milch (50 ml) verquirlen. Teiglinge auf einem mit Backpapier ausgelegten Backblech verteilen und mit Ei-Milch-Mix bestreichen. Im Ofen (Mitte) etwa 15 Minuten goldgelb backen. Nach Belieben mit Clotted Cream (siehe Tipp rechts) und Marmelade servieren.

Ergibt etwa 10 Stück

etwa 30 Minuten (plus 2½ Stunden Ruhezeit und 15 Minuten Backzeit)

Zitronenverbene

ZUTATEN

35 g Zitronenverbene
500 g Hartweizengrieß
½ TL Zucker
½ Würfel Hefe (21 g)
50 g weiche Butter
Salz
Abrieb von 1 Bio-Zitrone
Mehl zum Verarbeiten

FÄCHERBRÖTCHEN

Fächerbrötchen sind durch ihre originelle Form ein echter Hingucker. Mit frischer Zitronenverbene im Teig sind sie auch geschmacklich einzigartig.

1 Tee im Mörser grob zerstoßen. Hartweizengrieß, 300 ml Wasser, Zucker und Hefe langsam verkneten. Sobald sich die Zutaten zu einem Teig vermischen, Butter, ½ TL Salz, Tee und Zitronenschale hinzufügen und noch einmal im Schnellgang kneten, bis sich der Teig vom Rand löst. Zugedeckt an einem warmen Ort 30 Minuten ruhen lassen. Teig nochmals kurz durchkneten, in 6 Portionen teilen und auf der bemehlten Arbeitsfläche jeweils etwa 5 mm dick rechteckig ausrollen. Teigplatten 2 Stunden kühl stellen.

2 Backofen auf 180 °C vorheizen. Teigplatten mit Mehl bestäuben und übereinanderstapeln. Etwa 5 x 6 cm große Rechtecke ausschneiden. Mit einem Löffelstiel mittig eindrücken, sodass sie seitlich »auffächern«. Auf einem mit Backpapier belegten Blech im Ofen (Mitte) etwa 15 Minuten backen.

TIPP

Da Clotted Cream außerhalb Großbritanniens schwer erhältlich und die Herstellung etwas aufwendig ist, eignet sich als Ersatz auch mit etwas Milch glatt gerührter Mascarpone.

SAFARI-WAFFELN
EARL-GREY-WAFFELN

SAFARI-WAFFELN

Was passt besser zu einem kalten Wintertag als frisch gebackene Waffeln und ein Glas Tee? Richtig: heiße Waffeln, in denen Rooibos-, Orangen- und Vanillearomen die Sonne auf den Tisch und ins Glas bringen.

Ergibt etwa 20 Stück

etwa 30 Minuten (plus 20 Minuten Ziehzeit)

Rooibos mit Vanille

ZUTATEN

250 g Butter
3 TL Rooibos mit Vanille
500 g Dinkelvollkornmehl
100 g brauner Zucker
Salz
5 Eier
330 ml Orangenlimonade
Fett für das Waffeleisen

1 Butter in einem Topf mit dem Tee bei schwacher Hitze schmelzen. Den Herd ausschalten und den Tee etwa 20 Minuten in der Butter ziehen lassen.

2 Vollkornmehl und Zucker in eine Rührschüssel geben. 1 Prise Salz sowie die Eier dazugeben und alles mit dem Schneebesen oder der Küchenmaschine langsam verrühren. Flüssige Tee-Butter nach und nach hinzufügen und zuletzt die Orangenlimonade dazugießen.

3 Alles zu einem sämig-flüssigen Teig verrühren. Das Waffeleisen vorheizen, einfetten und aus dem Teig goldgelbe Waffeln backen.

EARL-GREY-WAFFELN

Frische Waffeln passen ja an sich schon perfekt zu Brunch oder Teatime. Wenn sie dann noch mit feinem Bergamotte-Aroma auf den Tisch kommen, kann es britischer nicht werden.

Ergibt etwa 10 Stück

etwa 30 Minuten (plus 30 Minuten Kühlzeit)

Earl Grey

ZUTATEN

50 g Earl Grey
3 Eier
140 g weiche Butter
100 g Zucker
1 Päckchen Vanillezucker
250 g Mehl
100 ml Mineralwasser
Fett für das Waffeleisen
Puderzucker zum Bestäuben

1 Den Tee im Mörser oder in der Gewürzmühle fein mahlen. Die Eier trennen und Eiweiß steif schlagen. Eigelb mit Butter und Zucker in einer Rührschüssel cremig aufschlagen. Vanillezucker und die Hälfte des gemahlenen Tees dazugeben.

2 Mehl und Mineralwasser abwechselnd in drei Portionen einarbeiten. Dann den Eischnee unterheben. Den Teig im Kühlschrank 30 Minuten ruhen lassen.

3 Das Waffeleisen vorheizen, einfetten und aus dem Teig goldgelbe Waffeln backen. Restlichen Tee (25 g) mit etwas Puderzucker mischen und zum Servieren über die Waffeln sieben.

WINDBEUTEL
mit Teecreme

Ergibt etwa 20 Windbeutel

etwa 50 Minuten (plus 12 Stunden Ziehzeit und 25 Minuten Backzeit)

Grüntee mit Zitrone

Überrascht eure Gäste mit dieser Neuinterpretation des Gebäckklassikers. Die cremige Füllung mit feiner Grüntee-Zitrus-Note wird alle begeistern!

ZUTATEN

Für die Teecreme:

800 ml Milch
50 g Grüntee mit Zitrone
16 Blatt Gelatine
6 Eigelb
120 g Zucker
400 g Sahne

Für die Windbeutel:

150 ml Milch
150 g Butter
Salz
200 g Mehl (Type 550)
1 Msp. Backpulver
6 Eier

Außerdem:

Puderzucker zum Bestäuben
Spritzbeutel mit langer Loch- oder Sterntülle

1 Am Vortag für die Teecreme die Milch mit dem Tee aufkochen und über Nacht ziehen lassen.

2 Am nächsten Tag Milch-Tee-Mischung durch ein Sieb in einen zweiten Topf gießen und erneut erwärmen. Gelatine in kaltem Wasser einweichen. Eigelb und Zucker verrühren und zunächst nur einen kleinen Teil der heißen Teemilch dazugeben. Dann die restliche Flüssigkeit dazugießen und gut verrühren. Gelatine ausdrücken, in der Masse auflösen und auskühlen lassen.

3 Für die Windbeutel 150 ml Wasser, Milch, Butter sowie 1 Prise Salz in einen Topf geben und zum Kochen bringen. Das Mehl mit dem Backpulver mischen. Den Topf vom Herd nehmen und das Mehl mit einem Kochlöffel kräftig einrühren. Den Topf wieder auf den Herd setzen und so lange rühren, bis sich am Topfboden ein weißer Belag gebildet hat. Teig auf Handwärme abkühlen lassen.

4 Den Backofen auf 200 °C vorheizen. Ein Backblech mit Backpapier auslegen. Die Eier mit der Küchenmaschine oder den Quirlen des Handrührgeräts nach und nach in den Teig einarbeiten, bis ein glatter und spritzfähiger Teig entstanden ist.

5 Mit einem Spritzbeutel mit großer Lochtülle etwa 20 tischtennisballgroße Portionen auf das Blech spritzen, dabei dazwischen 3–4 cm Platz lassen, damit die Windbeutel gut aufgehen können. Windbeutel im Ofen (Mitte) etwa 25 Minuten goldgelb backen.

6 Sahne steif schlagen und vorsichtig unter die Teecreme heben. Creme in den Spritzbeutel füllen. Windbeutel halbieren, Creme auf die unteren Hälften spritzen und Deckel aufsetzen. Mit etwas Puderzucker bestäuben.

MADELEINES

RÜBLIMUFFINS
AMARANTRIEGEL

Ergibt etwa 25 Stück

etwa 20 Minuten (plus 2 Stunden Kühlzeit und 12 Minuten Backzeit)

Rooibos mit Vanille

ZUTATEN

Für die Madeleines:

3 Eier
3 Eigelb
125 g Zucker
Salz
Mark von 1 Vanilleschote
Abrieb und Saft von 1 Bio-Orange
125 g Mehl
1 Päckchen Backpulver
125 g flüssige Butter
20 ml Orangenlikör
Fett für die Madeleine-Form

Für die Teecreme:

500 ml Milch
4 TL Rooibos mit Vanille
100 g Zucker
2 Eigelb
60 g Vanillepuddingpulver

MADELEINES

Madeleines, das zarte Gebäck aus Frankreich, dürfen dort natürlich auf keiner Kaffee- oder Teetafel fehlen. Es gibt sie in diversen Geschmacksversionen. Und hier kommt noch eine raffinierte Variante mit leckerer Rooibos-Vanille-Creme dazu. Unbedingt probieren!

1 Für die Madeleines Eier, Eigelb, Zucker, 1 Prise Salz, Vanillemark und Orangenschale schaumig schlagen. Mehl mit Backpulver mischen und unter die Masse rühren. Dann Butter, Orangensaft und Orangenlikör unterrühren. Den Teig mindestens 2 Stunden kühl stellen.

2 Für die Teecreme die Milch mit dem Tee aufkochen, 30 Minuten ziehen lassen und anschließend durch ein Sieb gießen.

3 Zucker, Eigelb und Puddingpulver in einer Schüssel glatt rühren. 100 ml Teemilch nach und nach unterrühren. Restliche Teemilch (400 ml) kurz aufkochen und langsam unter die Eigelbmasse rühren. Creme in einen Topf füllen und unter ständigem Rühren auf etwa 80 °C erhitzen. Durch ein Sieb in eine Schüssel passieren, mit Frischhaltefolie abdecken und komplett auskühlen lassen.

4 Backofen auf 180 °C vorheizen. Vertiefungen einer Madeleine-Backform (oder eines Muffinblechs) einfetten. Madeleine-Teig mit einem Spritzbeutel mit großer Lochtülle in die Vertiefungen spritzen. Jeweils eine kleine Menge der glatt gerührten Teecreme mit einem Spritzbeutel mit kleiner Lochtülle mittig in die noch ungebackenen Madeleines spritzen.

5 Madeleines im Ofen (Mitte) etwa 12 Minuten backen und 5 Minuten auskühlen lassen. Aus der Form lösen, sofort servieren oder luftdicht verpacken.

RÜBLIMUFFINS

Muffins gehen immer! Die fluffigen Törtchen passen sowohl zum Kindergeburtstag als auch zur Party im Büro. Diese etwas herzhafte Variante kombiniert saftige Karotten mit feinen Kräuter- und Ingweraromen.

Ergibt etwa 12 Stück

etwa 30 Minuten (plus 25–30 Minuten Backzeit)

Früchtetee mit Ingwer

ZUTATEN

300 g Karotten
4 TL Früchtetee mit Ingwer
8 Eier
215 g Zucker
Salz
100 g Mehl
400 g gemahlene Wal- oder Haselnüsse
½ TL Backpulver
Abrieb von 1 Bio-Zitrone

1 Die Karotten putzen, schälen und fein raspeln. Den Tee im Mörser oder in der Gewürzmühle fein mahlen. Die Eier trennen. Eigelb mit 110 g Zucker schaumig aufschlagen. Eiweiß mit restlichem Zucker (105 g) und 1 Prise Salz steif schlagen.

2 Mehl, Nüsse, Tee, Backpulver, Zitronenschale und geraspelte Karotten in einer Schüssel mischen. Karottenmasse unter die Eigelbmasse heben. Nach und nach den Eischnee vorsichtig unterheben.

3 Den Backofen auf 180 °C vorheizen. Die Vertiefungen eines Muffinblechs mit Papierförmchen auslegen. Karottenmasse drei Viertel hoch in die Vertiefungen füllen und im Ofen (Mitte) 25–30 Minuten backen. Nach Belieben mit einer Zitronenglasur verzieren.

AMARANTRIEGEL

Power für zwischendurch nötig? Da haben wir genau das Richtige: Luftigleichter Amarant trifft auf Früchtetee und Kakao. Da ist eine schnelle und leckere Energieversorgung gesichert.

Ergibt etwa 24 Stück

etwa 15 Minuten (plus 30 Minuten Kühlzeit)

Früchtetee mit roten Beeren

ZUTATEN

350 g Kakaobutter
15 g Früchtetee mit roten Beeren
300 g gepuffter Amarant
300 g Zuckerrübensirup
350 g weißes Mandelmus
100 g getrocknete Cranberrys
1 Prise Salz
100 g weiße Kuvertüre zum Verzieren

1 Die Kakaobutter in einer Schüssel über dem heißen Wasserbad schmelzen. Den Tee im Mörser grob mahlen. Alle Zutaten, bis auf die weiße Kuvertüre, in einer Schüssel gut vermischen. Die Masse auf einem mit Backpapier ausgelegten Backblech zu einem etwa 2 cm dicken Rechteck formen und gleichmäßig andrücken. Die Masse 30 Minuten kühl stellen.

2 Amarantmasse anschließend mit einem Brotmesser in etwa 24 Riegel schneiden. Die Kuvertüre grob hacken und in einer Schüssel über dem heißen Wasserbad schmelzen. Die Riegel damit verzieren und trocknen lassen.

samova

SANDKUCHEN
mit Tee-Infusion

Dieser Sandkuchen überrascht mit einer Kombination aus Marzipan, feiner Zitrusnote und frischem Minzaroma. Dazu ist eine Tasse elegant-leichter Darjeeling-Tee ein passender Begleiter.

1 Den Tee mit 30 g Zucker in einem Topf bei schwacher Hitze langsam leicht sirupartig einkochen.

2 Butter, restlichen Zucker (120 g), Marzipan und 1 Prise Salz schaumig aufschlagen. Die Eier nach und nach unter die Buttermasse rühren. Die Zitrone heiß waschen, trocken reiben und die Schale fein abreiben. Zitrone auspressen. Schale und Saft zur Butter-Eier-Masse geben und unterrühren.

3 Mehl mit Backpulver mischen und zur Masse sieben. Die Milch nach und nach dazugeben und alles mit dem Knethaken des Handrührgerätes zu einem homogenen Teig verarbeiten.

4 Den Backofen auf 180 °C vorheizen. Eine Kastenform (30 cm Kantenlänge) einfetten und mit Mehl ausstäuben. Den Teig in die Form füllen und darauf achten, dass nur zwei Drittel der Form befüllt werden, da der Teig noch aufgeht.

5 Den Kuchen in den Ofen (Mitte) schieben, nach etwa 10–12 Minuten längs einschneiden und weitere 30 Minuten fertig backen. Die Stäbchenprobe machen: einen Holzspieß in den Kuchen stechen. Wenn kein Teig mehr daran kleben bleibt, ist der Kuchen fertig. Falls nötig, den Kuchen während der letzten Minuten mit Backpapier abdecken, damit er nicht zu dunkel wird.

6 Den noch heißen Sandkuchen mit dem Teesirup bestreichen und auskühlen lassen.

Ergibt 1 Kuchen

etwa 40 Minuten (plus 40 Minuten Backzeit)

Kräutertee mit Minze

ZUTATEN

200 ml Kräutertee mit Minze (z. B. Heidi's Delight von samova)
150 g Zucker
200 g weiche Butter
100 g Marzipanrohmasse
Salz
3 Eier
1 Bio-Zitrone
350 g Mehl
10 g Backpulver
150 ml Milch
Fett und Mehl für die Form

CHAI COOKIES

Darf es noch ein Cookie mehr sein? Diese auf jeden Fall, denn würziger Chai-Tee und knackige Nüsse machen sie einfach unwiderstehlich.

Ergibt etwa 12 Stück

etwa 1 Stunde (plus etwa 25 Minuten Backzeit)

Chai-Tee

ZUTATEN

6 TL Chai-Tee
200 g weiche Butter
100 g Zucker
100 g brauner Zucker
1 TL gemahlene Vanille
2 Eier
300 g Mehl
1 Päckchen Backpulver
Salz
200 g gehackte Nüsse nach Wahl (z. B. Haselnüsse oder Mandeln)

1 Tee im Mörser oder in der Gewürzmühle fein mahlen. Butter und beide Zuckersorten schaumig aufschlagen. Vanille und Eier unterrühren. Mehl, Backpulver, 1 Prise Salz und gemahlenen Tee mischen, nach und nach dazugeben, sodass ein homogener Teig entsteht. Nüsse unterkneten.

2 Den Backofen auf 180 °C vorheizen. Ein Backblech mit Backpapier auslegen. Den Teig in 12 Teile teilen und daraus Kugeln formen, mit Abstand auf dem Blech platzieren und leicht andrücken. Möglichst nicht mehr als die Hälfte der Cookies auf ein Blech geben, da sie noch verlaufen. Die Cookies etwa 12 Minuten goldgelb backen. Herausnehmen und auf einem Küchengitter abkühlen lassen.

CHAI-VANILLEKIPFERL

Herrlich duftende Kipferl dürfen in der Adventszeit natürlich nicht fehlen! Diese Chai-Spezialität ist eine leckere neue Variation des süßen Weihnachtsklassikers.

Ergibt etwa 50 Stück

etwa 35 Minuten (plus 1 Stunde Ruhezeit und 12 Minuten Backzeit)

Chai-Tee

ZUTATEN

70 ml Haferdrink
2 TL Chai-Tee
250 g Mehl, plus mehr zum Verarbeiten
100 g gemahlene Mandeln
80 g Puderzucker
½ TL gemahlene Vanille
150 g kalte Butter
gemahlener Zimt und Puderzucker zum Bestäuben

1 Haferdrink erwärmen. Vom Herd nehmen und Tee darin etwa 15 Minuten ziehen lassen. Chai-Drink abkühlen lassen und durch ein Sieb passieren.

2 Mehl, Mandeln, Puderzucker und Vanille in einer Schüssel mischen. Butter in kleine Stücke schneiden und mit dem Chai-Haferdrink dazugeben. Alles zu einem Mürbeteig kneten. Den Teig zu einer Kugel formen, in Frischhaltefolie wickeln und im Kühlschrank 1 Stunde ruhen lassen.

3 Backofen auf 175 °C vorheizen. Backblech mit Backpapier auslegen. Teig in 3 gleich große Teile schneiden und auf der bemehlten Arbeitsfläche zu langen schmalen Rollen formen. Diese in 2–3 cm große Stücke zerteilen, daraus Kipferl formen, auf das Blech legen und im Ofen (Mitte) 10–12 Minuten backen. Auf einem Gitter abkühlen lassen und mit Zimt-Zucker-Mix bestäuben.

ZUPFBROT

Wenn es draußen ungemütlich wird, ist es Zeit für fluffig-leichtes Zupfbrot und eine schöne Tasse heißen Tee. Rooibos mit Zimtnote lässt dabei bestimmt schon erste festliche Gefühle aufkommen.

Ergibt 1 Zupfbrot

etwa 30 Minuten (plus 1¼ Stunden Ruhezeit und 45 Minuten Backzeit)

Rooibos mit Zimt

ZUTATEN

Für den Hefeteig:

100 ml Milch
½ Würfel Hefe (ersatzweise ½ Päckchen Trockenhefe)
500 g Mehl, plus mehr zum Verarbeiten
1 TL Zucker
Salz
1 EL weiche Butter

Für die Füllung:

4 TL Rooibos mit Zimt (z. B. Karibu Sun von samova)
100 g Butter
25 g Zucker
20 g Haselnusskerne
20 g Cashewkerne
1 säuerlicher Apfel
1 EL Zitronensaft

Außerdem:

Fett für die Form
1 Ei

1 Für den Hefeteig die Milch in einem Topf erwärmen und die Hefe darin auflösen (falls Trockenhefe verwendet wird, kommt diese direkt zum Mehl hinzu). Mehl, Zucker und 1 TL Salz in einer Schüssel mischen. Butter und Hefemilch dazugeben und alles zu einem elastischen Teig verarbeiten. Sollte der Teig noch zu trocken sein, etwas Wasser hinzufügen. Teig zugedeckt an einem warmen Ort etwa 1 Stunde gehen lassen.

2 Für die Füllung den Tee in einer Schale mit heißem Wasser anfeuchten. Die Butter zerlassen und den Tee dazugeben. Bei schwacher Hitze 40 Minuten ziehen lassen – die Butter darf nicht sieden. Dann durch ein Sieb gießen und abkühlen lassen, sodass sie wieder streichfähig wird.

3 Zucker in einer Pfanne bei mittlerer Hitze schmelzen. Nüsse grob hacken, dazugeben und 3–4 Minuten karamellisieren. Die Masse auf ein Backpapier streichen, abkühlen lassen und den Nusskaramell in kleine Stücke brechen.

4 Den Apfel schälen, vierteln, entkernen und in kleine Würfel schneiden. In einer Schüssel mit dem Zitronensaft mischen.

5 Den Hefeteig auf der bemehlten Arbeitsfläche noch einmal kurz durchkneten und dann zu einem etwa 50 x 50 cm großem Quadrat ausrollen. Teebutter gleichmäßig darauf verstreichen. Nusskaramell und Apfelwürfel darauf verteilen und etwas festdrücken.

6 Den Backofen auf 180 °C vorheizen. Die Teigplatte in etwa 8 x 8 cm große Quadrate schneiden und jeweils vier davon zu kleinen Paketen übereinanderlegen. Eine Kastenform (Kantenlänge etwa 30 cm) einfetten und die Teigpakete hochkant hineinsetzen – das letzte Paket so herum, dass die Teigseite außen ist. Noch einmal 15 Minuten gehen lassen.

7 Das Ei verquirlen und die Oberseite des Brotes damit bestreichen. Das Zupfbrot im Ofen (Mitte) etwa 45 Minuten backen. Auf einem Kuchengitter abkühlen lassen.

GEWÜRZ-BROWNIES

APPLE PIE IM GLAS

GEWÜRZ-BROWNIES

Ergibt etwa 16 Stück

etwa 15 Minuten (plus 30 Minuten Backzeit)

Chai-Tee

Saftige Brownies sind fix gemacht und einfach unwiderstehlich. Hier gesellen sich zu Schokolade und Haselnuss die würzigen Aromen des Chai-Tees und machen die süßen Happen damit zu etwas ganz Besonderem.

ZUTATEN

Fett für die Form
280 g Zartbitterkuvertüre
300 g Butter
200 g brauner Zucker
6 Eier
200 g Zucker
100 g Pralinémasse (ersatzweise Nussmus oder Pralinécreme mit hohem Nussanteil)
35 g Chai-Tee
150 g Mehl
60 g Kakaopulver
100 g gehackte Haselnüsse

1 Den Backofen auf 180° C vorheizen. Die Form einfetten. 200 g Zartbitterkuvertüre grob hacken und in einer Metallschüssel über dem heißen Wasserbad schmelzen.

2 Die Butter mit braunem Zucker schaumig schlagen. Eier mit Zucker ebenfalls schaumig schlagen. Geschmolzene Kuvertüre mit der Pralinémasse zur schaumigen Butter geben. Eiermasse unter die Buttermasse heben.

3 Den Tee im Mörser grob zerstoßen und untermengen, dabei einen kleinen Teil als Topping beiseitelegen. Restliche Kuvertüre (80 g) klein hacken.

4 Das Mehl mit dem Kakaopulver mischen und nach und nach durch ein Sieb zur Masse geben und unterheben. Browniemasse in eine Backform (20 x 35 cm) füllen, mit restlichem Tee, Haselnüssen und Kuvertürestücken bestreuen und im Ofen (Mitte) etwa 30 Minuten backen. Herausnehmen, etwas abkühlen lassen und zum Servieren in Stücke schneiden.

TIPP

Damit die Brownies schön saftig werden, sollten sie nicht zu lang gebacken werden. In diesem Fall darf bei der Stäbchenprobe gerne noch etwas Teig kleben bleiben.

APPLE PIE
im Glas

Der Teatime-Klassiker einmal anders – mit Aromen von roten Beeren, die hervorragend mit der säuerlichen Apfelnote harmonieren.

Ergibt 5–6 Gläser (à 140 ml)

etwa 25 Minuten (plus 30 Minuten Kühlzeit und 25 Minuten Backzeit)

Früchtetee mit roten Beeren

ZUTATEN

4 TL Früchtetee mit roten Beeren
450 g Mehl
120 g Zucker
1 Ei
1 Eigelb
Salz
225 g Butter
4 säuerliche Bio-Äpfel
100 g brauner Zucker
Fett für die Gläser

1 Den Früchtetee mit 800 ml Wasser aufbrühen, ziehen lassen und durch ein Sieb gießen. Das Teegut aufbewahren.

2 Mehl, Zucker, Ei, Eigelb und 1 Prise Salz in eine Rührschüssel geben. Butter in Stücke schneiden und dazugeben. Alles mit den Knethaken des Handrührgeräts gut verkneten und den Teig mindestens 30 Minuten zugedeckt in den Kühlschrank stellen.

3 Den Backofen auf 175 °C vorheizen. Die Äpfel waschen, vierteln, entkernen und in kleine Stücke schneiden. Mit Zucker und Teegut in einen Topf geben. So viel Tee dazugießen, bis die Apfelstücke leicht bedeckt sind. Aufkochen und 5 Minuten köcheln lassen.

4 Gläser leicht mit Butter einfetten. Aus zwei Dritteln des Teiges kleine Kugeln formen. Diese jeweils in ein Glas geben, mit den Fingern ein- und dann am Glasrand hochdrücken, sodass in der Mitte eine Mulde entsteht.

5 Die Apfelmasse auf die Gläser verteilen. Aus dem restlichen Teig kleine Verzierungen – Quadrate, Blätter o. Ä. – formen bzw. ausstechen und die Apfelmasse damit dekorieren. Die Gläser in den Ofen (Mitte) stellen und den Apple Pie etwa 25 Minuten backen.

TIPP
Dazu schmeckt geschlagene Sahne, Vanillesauce oder Vanilleeis.

RHABARBER-CHUTNEY
JOGHURT-GURKEN-DIP

KÜRBIS-CHUTNEY
MINZHUMMUS

Ergibt 2 Gläser (à 200ml)

etwa 45 Minuten

Früchtetee mit Mango

ZUTATEN

2 Zwiebeln, 10 g Ingwer
3 Knoblauchzehen
500 g Rhabarber
50 g getr. Pflaumen
1 EL neutrales Pflanzenöl
100 ml Früchtetee mit Mango
100 ml Weißweinessig
1 TL Senf, je ½ TL gem. Kreuzkümmel, Koriander und Kurkuma
1 Prise gem. Zimt, 200 g brauner Zucker, Salz

RHABARBER-CHUTNEY

Rhabarber schmeckt nicht nur in Süßem, sondern macht sich auch wunderbar zu herzhaften Gerichten, wie dieses Chutney zeigt. Abgerundet mit aromatischem Früchtetee, passt es gut zu scharfen Currys.

1 Zwiebeln, Ingwer und Knoblauch schälen und fein hacken. Den Rhabarber waschen, putzen und bis auf eine Stange in Stücke schneiden. Die Pflaumen in kleine Stücke schneiden.

2 Die Zwiebeln in einem Topf im Öl andünsten. Ingwer und Knoblauch dazugeben und kurz mitdünsten. Alle restlichen Zutaten und Gewürze, außer Zucker und Salz, dazugeben und alles gut verrühren. Zucker nach und nach unter Rühren hinzufügen und die Masse bei mittlerer Hitze etwa 15 Minuten einkochen lassen.

3 Übrige Rhabarberstange in kleine Würfel schneiden und kurz vor Ende der Kochzeit dazugeben. Die Würfel sollen noch bissfest sein. Chutney mit Salz abschmecken. Das Rhabarber-Chutney noch heiß in sterilisierte Gläser füllen und verschließen oder abgekühlt sofort genießen.

Für 4 Portionen

etwa 10 Minuten

Früchtetee mit Ingwer

ZUTATEN

½ Bio-Salatgurke
2 Frühlingszwiebeln
2 Knoblauchzehen
2–3 Stiele Koriandergrün
150 g Joghurt
20 ml Früchtetee mit Ingwer
½ TL gemahlener Kreuzkümmel, 1 TL Zitronensaft
Salz, Pfeffer

JOGHURT-GURKEN-DIP

Dieser frische Dip ist eine Abwandlung des indischen Raita, der oft als Beilage zu scharfen Currys gereicht wird. In dieser Version werden Gurke und Joghurt mit Früchte-Ingwer-Tee aromatisiert.

1 Die Gurke waschen, längs vierteln und die Kerne entfernen. Gurkenviertel in möglichst kleine Würfel schneiden. Die Frühlingszwiebeln putzen, waschen und in feine Stücke schneiden. Den Knoblauch schälen und in feine Würfel schneiden. Den Koriander waschen und trocken schütteln, die Blätter abzupfen und fein hacken.

2 Den Joghurt mit Tee, Gewürzen und Zitronensaft in einer Schale mischen. Gurke, Frühlingszwiebeln, Knoblauch und Koriander dazugeben und den Dip mit Salz und Pfeffer abschmecken. Vor dem Servieren am besten mindestens 30 Minuten im Kühlschrank ziehen lassen.

KÜRBIS-CHUTNEY

Kürbis einmal anders - als herzhaftes Chutney mit leichter Schärfe und fruchtiger Ingwernote. Passt super zu Käse, Brot oder Gegrilltem.

Ergibt 6 Gläser (à 250 ml)

etwa 45 Minuten

Früchtetee mit Ingwer

ZUTATEN

1 Hokkaidokürbis (etwa 1 kg)
2 Äpfel
1 rote Chilischote
4 TL Früchtetee mit Ingwer
1 TL schwarze Pfefferkörner
2 rote Zwiebeln
1 EL Öl
200 ml Balsamico bianco
100 ml Himbeeressig
250 g brauner Zucker
Salz

1 Kürbis und Äpfel schälen, entkernen und in grobe Würfel schneiden. Chilischote längs halbieren, entkernen, waschen und in feine Würfel schneiden. Tee und Pfefferkörner im Mörser grob anstoßen. Die Zwiebeln schälen, in feine Würfel schneiden und im Öl glasig andünsten. Chili und Teegewürz hinzufügen und kurz mitdünsten.

2 Restliche Zutaten hinzufügen und alles mit geschlossenem Deckel bei mittlerer Hitze etwa 30 Minuten einkochen, bis eine sämige Konsistenz erreicht ist. Gelegentlich umrühren, damit nichts anbrennt. Kürbis-Chutney mit etwa 1 TL Salz abschmecken und in sterilisierte Gläser füllen. Sofort verschließen und umgedreht auf dem Deckel auskühlen lassen.

MINZHUMMUS

Hummus, der orientalische Kichererbsendip, ist gesund, schnell gemacht und bietet unzählige Variationsmöglichkeiten. Hier harmonieren frische Minze und Kräutertee mit würzigen Sesam- und Kreuzkümmelaromen.

Ergibt 1 Glas (500 ml)

etwa 15 Minuten

Kräutertee mit Minze

ZUTATEN

100 g TK-Erbsen, Salz
50 g Minzblätter
1 Knoblauchzehe
400 g Kichererbsen (Dose)
2 TL Zitronensaft
1 EL Tahin (Sesampaste)
1 TL gem. Kreuzkümmel
75 ml Kräutertee mit Minze (z. B. Heidi's Delight von samova), abgekühlt
etwas Olivenöl

1 Die Erbsen in wenig Salzwasser bissfest garen, abgießen und abtropfen lassen. Die Minzblätter waschen, trocken schütteln und – bis auf wenige für die Deko – klein hacken. Den Knoblauch schälen und fein hacken. Die Kichererbsen in einem Sieb abtropfen lassen.

2 Erbsen – bis auf wenige für die Deko – , Minze, Knoblauch und Kichererbsen mit den restlichen Zutaten mit dem Stabmixer zu einem cremigen Hummus verarbeiten, dabei bei Bedarf etwas Wasser hinzufügen. Mit Salz abschmecken.

3 Den Minzhummus in ein Schälchen füllen und zum Servieren mit Olivenöl, Minzblättern und Erbsen dekorieren.

Für 4 Portionen

etwa 30 Minuten (plus 30 Minuten Abkühlzeit)

Kräutertee mit Wacholder

ZUTATEN

Für die Tee-Mayonnaise:

4 TL Kräutertee mit Wacholder
300 ml neutrales Pflanzenöl
1 Eigelb, zimmerwarm
1 Spritzer Weißweinessig
Salz
2 EL Joghurt (optional)
Pfeffer aus der Mühle

Für das Gurkensandwich:

2 Eier
½ Bio-Salatgurke
Salz
2 Frühlingszwiebeln
1 Bund Schnittlauch
8 Scheiben Sandwichtoast
4 EL Tee-Mayonnaise
Pfeffer aus der Mühle

GURKENSANDWICH
mit Tee-Mayonnaise

Wenn es einmal wieder very british werden soll, dürfen Gurkensandwiches nicht fehlen. Tee-Mayonnaise mit Wacholderaroma verleiht ihnen dazu das gewisse Etwas. Da wäre selbst die Queen very amused.

1 Für die Tee-Mayonnaise Tee in einer Schale mit etwa 40 ml heißem Wasser übergießen und ein paar Minuten ziehen lassen. Durch ein Sieb gießen und ausdrücken – es wird nur das Teegut benötigt.

2 Das Öl in einem kleinen Topf auf etwa 70 °C erhitzen. Das Teegut dazugeben und 15–20 Minuten ziehen lassen. Dabei immer wieder die Temperatur kontrollieren, das Öl darf nicht sieden. Öl durch ein Sieb gießen – am besten in eine kleine Flasche, denn so lässt es sich gut portionieren. Auf Zimmertemperatur abkühlen lassen.

3 Das Eigelb mit dem Essig und 1 Prise Salz in einer Schüssel verquirlen. Tee-Öl erst tropfenweise, dann in einem dünnen Strahl dazugeben und alles zu einer Mayonnaise verrühren. Wer es cremiger mag, gibt am Schluss noch Joghurt dazu. Mayonnaise mit Salz und Pfeffer würzen.

4 Für das Gurkensandwich die Eier hart kochen, abschrecken und abkühlen lassen. Die Gurke waschen, in dünne Scheiben schneiden und in eine Schüssel geben. Salzen und etwa 15 Minuten Wasser ziehen lassen. Die Frühlingszwiebeln putzen und waschen, Schnittlauch waschen und trocken schütteln. Beides in feine Ringe schneiden. Die Eier pellen und in Scheiben schneiden.

5 Vier Scheiben Brot mit der Mayonnaise bestreichen. Gurken ausdrücken und mit den Eierscheiben auflegen. Mit Salz und Pfeffer würzen und mit Schnittlauch und Frühlingszwiebeln bestreuen. Übrige Brotscheiben auflegen und Sandwiches diagonal durchschneiden.

TIPP

Die Tee-Mayonnaise hält sich im Kühlschrank etwa 2 Tage. Sie passt auch gut als Dip zu Süßkartoffel-Pommes oder Backfisch und verfeinert Kartoffelsalat.

SIMIT MIT FETADIP

In der Türkei werden sie an jeder Ecke angeboten: Simit, die knusprigen Sesamringe. Wir backen sie mit Dinkelmehl und servieren dazu einen frischen Fetadip mit Schwarzteearoma.

Ergibt etwa 15 Stück

etwa 1 Stunde (plus 45 Minuten Ruhezeit und 25 Minuten Backzeit)

Schwarztee mit Minze

1 Für die Simit 200 ml lauwarmes Wasser und die Milch in eine Rührschüssel geben. Die Hefe hineinbröseln und unter Rühren auflösen (falls Trockenhefe verwendet wird, kommt diese direkt zum Mehl hinzu). 5 Minuten ruhen lassen.

2 Ei, 2 TL Salz, Zucker und Öl hinzufügen und alles mit dem Knethaken des Handrührgeräts verkneten. Dabei das Mehl nach und nach dazugeben, bis ein geschmeidiger Teig entstanden ist, der nicht mehr an den Fingern klebt. Sollte der Teig zu feucht oder zu trocken sein, noch etwas Mehl oder Wasser hinzufügen. Den Hefeteig zugedeckt an einem warmen Ort 30–45 Minuten gehen lassen.

3 Den Backofen auf 180 °C vorheizen. Den Zuckerrübensirup mit 200 ml lauwarmem Wasser verrühren. Den Sesam in einer Pfanne ohne Fett bei schwacher Hitze rösten.

4 Den Hefeteig auf der bemehlten Arbeitsfläche in etwa 30 kleine Bällchen teilen und diese zu 25–30 cm langen Rollen formen. Je 2 Rollen miteinander verdrehen und zu einem Ring verbinden. Ringe erst in den Sirup-Wasser-Mix komplett eintauchen und dann in den gerösteten Sesam dippen, sodass sie an der Oberfläche komplett mit Sesam bedeckt sind.

5 Die Sesamringe auf ein leicht geöltes Backblech legen und im Ofen (Mitte) etwa 25 Minuten goldgelb backen.

6 Für den Fetadip Tee, Oregano und 1 Prise Chiliflocken in einer Schüssel verrühren. Feta dazubröseln, unterrühren und Dip mit Salz und Pfeffer würzen. Zu den Simit servieren.

ZUTATEN

Für die Simit:

200 ml lauwarme Milch
1 Würfel Hefe (ersatzweise 2 Päckchen Trockenhefe)
1 Ei
Salz
1 TL Zucker
2 EL Sonnenblumenöl
750 g Dinkelmehl, plus mehr zum Verarbeiten
2 EL Zuckerrübensirup
200 g Sesam
Öl für das Blech

Für den Fetadip:

100 ml Schwarztee mit Minze, abgekühlt (z. B. Istanbul Nights von samova)
½ TL getrockneter Oregano
Chiliflocken
200 g Feta
Salz
Pfeffer aus der Mühle

TIPP

Fein schmeckt der Dip auch, wenn noch Oliven- und Tomatenstücke untergemischt werden.

Ergibt 6–8 Stück

etwa 15 Minuten (plus etwa 18 Minuten Backzeit)

Schwarztee mit Minze

BÖREK

Börek, die knusprigen Blätterteigtaschen aus dem Orient, kommen hier mit Dinkelblätterteig und einer vegetarischen Füllung mit frischem Minz-Aroma auf den Tisch. Einfach lecker!

ZUTATEN

1 Rolle Dinkelblätterteig (275 g; aus dem Kühlregal)
200 g Feta
1 Ei
100 ml Schwarztee mit Minze, abgekühlt
2 EL Petersilie, gehackt
1 EL Sesam

1 Den Backofen auf 180 °C vorheizen. Den Blätterteig auf einem Backblech ausrollen und in 6–8 Teile schneiden. Feta in einer Schale mit einer Gabel oder der Hand leicht zerbröseln.

2 Das Ei trennen. Eiweiß, Tee und Petersilie zum Käse geben und alles gut verrühren. Die Füllung sollte eine cremige Konsistenz haben. Das Eigelb aufbewahren. Die Füllung auf die Blätterteigstücke verteilen, dabei darauf achten, dass rundum ein Rand frei bleibt.

3 Die Teigstücke zusammenklappen und an den gegenüberliegenden Enden mit den Fingern leicht zusammendrücken. Das Eigelb verquirlen, die gefüllten Böreks damit bestreichen und mit Sesam bestreuen. Die Böreks im Ofen (Mitte) etwa 18 Minuten goldgelb backen. Herausnehmen, abkühlen lassen und mit einer Tasse Schwarztee genießen.

KAROTTENQUICHE

PAPRIKATERRINE

Ergibt 1 Quiche

etwa 30 Minuten (plus 30 Minuten Ruhezeit und 50 Minuten Backzeit)

Kräutertee mit Minze

KAROTTENQUICHE

Ein echter Hingucker! Die Quiche mit bunter Karottenfüllung überzeugt aber auch geschmacklich auf ganzer Linie – die Kräuteraromen des Tees unterstreichen die leichte Süße der Karotten.

ZUTATEN

Für den Quicheteig:

500 g Mehl
225 g Butter
½ EL Weißweinessig
Mehl zum Verarbeiten

Für die Füllung:

800 g bunte Karotten
15 g Kräutertee mit Minze
Salz
Pfeffer aus der Mühle
300 g Doppelrahm-Frischkäse
3 Eier
70 g Hartkäse, gerieben
200 g Sahne

Außerdem:

Fett für die Form
2 kg getrocknete Hülsenfrüchte zum Blindbacken
Kräuter, gehackt, für die Deko (nach Belieben)

1 Für den Quicheteig alle Zutaten mit 200 ml Wasser in der Küchenmaschine oder mit den Knethaken des Handrührgeräts zu einem homogenen Teig verkneten. Den Teig im Kühlschrank 30 Minuten ruhen lassen.

2 Den Backofen auf 200 °C vorheizen. Eine Quicheform (Ø 28 cm) einfetten. Den Teig auf der bemehlten Arbeitsfläche etwa 5 mm dick ausrollen und die Form damit auslegen, dabei die Ränder andrücken. Mit einem Bogen Backpapier belegen, die getrockneten Hülsenfrüchte einfüllen und den Boden im Ofen (Mitte) etwa 12 Minuten blindbacken. Backpapier mit Hülsenfrüchten entfernen und Boden etwas auskühlen lassen. Backofen angeschaltet lassen.

3 Für die Füllung die Karotten putzen, schälen und mit einem Hobel oder Sparschäler in Streifen hobeln. Karottenstreifen in kochendem Wasser etwa 1 Minute blanchieren, abgießen und abschrecken. Die Streifen einzeln stramm aufrollen und von außen nach innen bunt gemischt in die Form legen. Dabei darauf achten, dass möglichst wenig Hohlräume übrig bleiben.

4 Den Tee mit Salz und Pfeffer im Mörser oder in der Gewürzmühle fein zermahlen. Frischkäse, Eier und Hartkäse verrühren. Sahne und Teegewürz hinzufügen. Eiermischung über die bunten Karottenspiralen gießen und die Quiche im Ofen (Mitte) etwa 40 Minuten backen. Nach Belieben mit Kräutern bestreut servieren.

PAPRIKATERRINE

Zugegeben: Diese Terrine mit Frucht- und Ingwernoten braucht etwas Zeit in der Zubereitung, glänzt dann aber auf dem Tisch – als Vorspeise, Zwischengang beim Dinner oder Snack zwischendurch.

Für 4 Portionen

etwa 40 Minuten (plus 2–3 Stunden Gelierzeit)

Früchtetee mit Ingwer

ZUTATEN

4 TL Früchtetee mit Ingwer
2 Schalotten
1 Knoblauchzehe
1 EL Olivenöl
1 rote Chilischote
400 g rote Paprikaschote
2 Stangen Staudensellerie
1 EL Olivenöl
150 ml Weißwein
Salz
Pfeffer aus der Mühle
½ TL Paprikapulver
1 TL Agar-Agar
Öl für die Form
Minzeblätter, gehackt, für die Deko (nach Belieben)

1 Den Früchtetee mit 500 ml Wasser aufkochen und auf etwa 100 ml Flüssigkeit reduzieren. Tee durch ein feines Sieb gießen.

2 Schalotten und Knoblauch schälen und grob hacken. Die Chilischote längs halbieren, gegebenenfalls entkernen (wer es scharf mag, lässt Kerne und Innenwände stehen), waschen und in Streifen schneiden. Die Paprika halbieren, entkernen, waschen und eine Hälfte in Stücke schneiden. Sellerie putzen, waschen und ebenfalls in Stücke schneiden.

3 Schalotten und Knoblauch in Öl andünsten. Chili-, Paprika- und Selleriestücke dazugeben und kurz andünsten. Mit dem Wein ablöschen, mit Salz, Pfeffer und Paprikapulver würzen und bei mittlerer Hitze etwa 20 Minuten weich dünsten.

4 Die übrige Paprika in kleine Würfel schneiden. Teereduktion in einem Topf noch einmal erhitzen. Paprikawürfel dazugeben und weich ziehen lassen.

5 Das gedünstete Gemüse mit dem Stabmixer fein pürieren. Durch ein Sieb zurück in den Topf passieren. Teereduktion mit Paprikastücken dazugeben und noch einmal aufkochen. Agar-Agar mit etwas Wasser glatt rühren, dazugeben und mit einem Schneebesen gut verrühren. Alles weitere 3 Minuten köcheln lassen.

6 Eine Terrinenform (700 ml Inhalt) oder einen entsprechend der Menge großen Behälter – z. B. Kastenform zum Backen – leicht einölen und mit Frischhaltefolie auskleiden. Gemüsemasse in die Form geben, abkühlen und im Kühlschrank 2–3 Stunden fest werden lassen. Zum Servieren die Terrine stürzen und nach Belieben mit Minze bestreut servieren. Dazu schmeckt knuspriges Brot.

GEMÜSE-PAKORAS
mit Raita

Die knusprig frittierten Gemüsehäppchen sind ein indischer Vorspeisenklassiker. Hier erhalten sie durch die fruchtige Pfefferminznote einen extra Aromakick. Für das in Öl ausgebackene Gemüse eignen sich alle Sorten, die nur wenig Wasser enthalten. Serviert werden Pakoras mit Raita, einem Joghurt-Minze-Dip.

Für 4 Portionen

etwa 30 Minuten

Kräutertee mit Minze

1 Für die Pakoras die Karotten putzen, schälen und schräg in Scheiben schneiden. Die Paprika halbieren, entkernen, waschen und in Stücke schneiden. Die Zwiebel schälen und in Ringe schneiden. Den Blumenkohl waschen und in kleine Röschen zerteilen.

2 Das Kichererbsenmehl in eine Schüssel sieben. Die Kräuter waschen und trocken schütteln, Blätter abzupfen und fein hacken. Mit Garam Masala, Tee und je ½ TL Salz und Pfeffer zum Mehl geben und mischen. Nach und nach 150 ml Wasser dazugeben und zu einem dickflüssigen Teig rühren.

3 Den Backofen auf 80 °C vorheizen. Ausreichend Öl in einem Topf oder einer Pfanne mit hohem Rand erhitzen. Wenn am Stiel eines Holzlöffels Blasen aufsteigen, ist das Öl heiß genug. Nacheinander Gemüsesorten durch den Teig ziehen und im Öl goldgelb ausbacken. Herausnehmen, auf Küchenpapier abtropfen lassen und im Ofen warm halten.

4 Für die Raita die Gurke längs vierteln, entkernen und in feine Würfel schneiden. Den Ingwer schälen und fein reiben. Joghurt mit Gurke, Ingwer und Tee in einer Schüssel verrühren. Mit Limettensaft und 1 Prise Garam Masala abschmecken.

5 Die Pakoras auf einer vorgewärmten Platte anrichten und die Raita dazu servieren.

ZUTATEN

Für die Pakoras:

2 Karotten
1 Paprikaschote
1 Gemüsezwiebel
½ Blumenkohl
150 g Kichererbsenmehl (Gram Flour; Asiamarkt)
2 Stiele Minze
2 Stiele Koriandergrün
1 TL Garam Masala (indische Gewürzmischung)
1 TL Kräutertee mit Minze, gemörsert oder gemahlen
Salz
Pfeffer aus der Mühle
Pflanzenöl zum Ausbacken

Für die Raita:

½ Bio-Salatgurke
1 Stück Ingwer (etwa 20 g)
250 g Joghurt
1 EL Kräutertee mit Minze, abgekühlt
1 TL Limettensaft
Garam Masala

TIPP

Nicht zu viele Gemüsestücke auf einmal ins Öl geben, da es sonst zu schnell abkühlt.

Für 2 Portionen

etwa 50 Minuten

Grüntee mit Zitrone

ROTE-BETE-CARPACCIO
mit Dukkah

Junge Rote Bete hat einen sehr feinen Geschmack – daher unbedingt mal roh probieren! In diesem Carpaccio wird das typische Betearoma mit den Zitrusnoten des Teeöls und der nordafrikanischen Nuss-Gewürz-Mischung Dukkah abgerundet.

ZUTATEN

Für das Carpaccio:

3 TL Grüntee mit Zitrone (z. B. Team Spirit von samova im Refill)
100 ml neutrales Pflanzenöl
1 junge Rote Bete (oder Ringelbete)
1 Handvoll Rucola

Für das Dukkah:

2 EL Haselnusskerne
1 EL Cashewkerne
1 EL Pinienkerne
2 EL Sesam
2 TL Kreuzkümmel
1 EL Korianderkörner
1 EL schwarze Pfefferkörner
2 TL Paprikapulver edelsüß
2 TL Fleur de sel oder grobes Meersalz
½ TL getrockneter Oregano

1 Für das Carpaccio den Grüntee in einer Schale mit etwas heißem Wasser etwa 5 Minuten anfeuchten. Das Öl in einem kleinen Topf auf 70 °C erhitzen. Das Teegut dazugeben und 15–20 Minuten ziehen lassen. Dabei immer wieder die Temperatur kontrollieren, das Öl darf nicht sieden. Das Öl abkühlen lassen und durch ein feines Sieb gießen.

2 Für das Dukkah Nüsse, Kerne, Sesam, Kreuzkümmel und Koriander in einer Pfanne ohne Fett rösten. Mit den restlichen Gewürzen im Mörser oder Blitzhacker zu einem nicht zu feinen Pulver verarbeiten.

3 Die Rote Bete schälen und in möglichst dünne Scheiben schneiden oder hobeln und auf einem großen Teller verteilen. Den Rucola verlesen, waschen, trocken schütteln und auf der Roten Bete anrichten. Das Carpaccio mit dem Teeöl beträufeln und mit etwas Dukkah bestreuen.

TIPP

Das restliche Dukkah in einem Schraubglas aufbewahren. Es passt zu Olivenöl und Fladenbrot, aber auch toll als Topping zu Salaten oder orientalischem Reis.

samova
express
Team Spirit®
Bio-Kräuter/Grüntee
Mit Lemongrass und Mate
Organic herbs/green tea
Bio & vegan

SPARGEL-RHABARBER-SALAT MIT NÜSSEN

Kulinarische Frühlingsboten: Spargel und Rhabarber bereichern von April bis Juni unseren Speiseplan mit allerlei raffinierten Leckereien. Eine davon: Dieser fruchtige Salat, der wunderbar als Vorspeise oder leichtes Mittagessen passt.

Für 4 Portionen

etwa 25 Minuten

Kräutertee mit Minze

1 Für den Salat Spargel waschen. Den weißen Spargel ganz, den grünen nur im unteren Drittel schälen, die Enden abschneiden. Rhabarber putzen und waschen. Alles schräg in 3–4 cm große Stücke schneiden.

2 In einem Topf den Zucker im Tee auflösen und sirupartig eindicken lassen. Rhabarber dazugeben, umrühren und bei schwacher Hitze 4–5 Minuten bissfest garen. Dabei den Rhabarber immer im Auge behalten, denn er wird sehr schnell weich. Herausnehmen und abkühlen lassen.

3 Das Olivenöl in einer Pfanne auf mittlerer Stufe erhitzen. Vom Spargel zunächst die dickeren weißen Stücke in die Pfanne geben. Nach 3 Minuten die dickeren grünen Stücke hinzufügen und weitere 5 Minuten unter Rühren braten. Dann die Köpfe und die dünneren Stücke hinzufügen und weitere 3 Minuten braten. Herausnehmen und abkühlen lassen.

4 In einer zweiten Pfanne die Nüsse ohne Fett rösten und grob hacken. Die Frühlingszwiebeln putzen, waschen und in feine Ringe schneiden.

5 Für die Vinaigrette alle Zutaten in eine Schüssel geben und mit einem Schneebesen verrühren. Zunächst den Spargel, dann den Rhabarber auf den Tellern anrichten. Jeweils mit etwas Vinaigrette beträufeln. Frühlingszwiebeln und Nüsse darüberstreuen.

ZUTATEN

Für den Salat:
je 250 g weißer und grüner Spargel
500 g Rhabarber
1 EL Kräutertee mit Minze
2 EL brauner Zucker
2 EL Olivenöl
2 EL blanchierte Haselnusskerne
2 EL Cashewkerne
2 Frühlingszwiebeln

Für die Vinaigrette:
1 TL Balsamico bianco
1 TL Dijon-Senf
1 TL Honig
5 EL Olivenöl
Salz
Pfeffer aus der Mühle

TIPP

Anstelle von Balsamico bianco passt auch ein mit Tee aromatisierter Essig für die Vinaigrette (siehe Küchentechnik, S. 40).

HAUPTGERICHTE

Vegetarisch & vegan

Cremige Suppen, würzige Reisgerichte oder selbst gemachte Pasta: Die Aromen von Grüntee, Kräutertee oder Rooibos mit Vanille machen aus jedem Veggierezept auf den folgenden Seiten etwas Einzigartiges.

Für 4 Portionen

etwa 20 Minuten (plus 30 Minuten Kühlzeit)

Früchtetee mit Ingwer

GURKEN-INGWER-SUPPE

Frische Gurke und leicht scharfer Ingwer sind eine tolle Kombination – nicht nur als Erfrischung im Sommer. Kalt serviert, passt diese Suppe zum Beispiel perfekt zu einem asiatischen Menü. Früchtetee mit Ingwer sorgt dabei für den besonderen Kick.

ZUTATEN

2 Salatgurken
1 Schalotte
1 Knoblauchzehe
1 EL eingelegter Ingwer (oder ein daumengroßes Stück frischer Ingwer)
250 ml Früchtetee mit Ingwer, abgekühlt
50 g Sahne
1 EL Dill, gehackt, plus einige Stiele für die Deko
1 EL Weißweinessig
Zucker
Salz
Pfeffer aus der Mühle
2 Scheiben Weißbrot
2 EL Granatapfelkerne (nach Belieben)

1 Die Gurken schälen, längs vierteln, entkernen und in Stücke schneiden. Schalotte und Knoblauch schälen und grob hacken. Alles mit Ingwer, Tee und Sahne in einen hohen Rührbecher geben und mit dem Stabmixer pürieren (wer frischen Ingwer benutzt, sollte die Suppe danach noch durch ein feines Sieb passieren).

2 Den Dill dazugeben und die Suppe mit Essig, 1 Prise Zucker, Salz und Pfeffer abschmecken. Gut verrühren und etwa 30 Minuten im Kühlschrank ziehen lassen.

3 Den Backofen auf 220 °C vorheizen. Die Weißbrotscheiben in kleine Würfel schneiden und auf einem Backblech gleichmäßig verteilen. Im Ofen (Mitte) knusprig rösten.

4 Zum Servieren die kalte Suppe noch einmal durchrühren, auf tiefe Teller verteilen und mit den Croûtons, Dill und nach Belieben Granatapfelkernen dekorieren.

TIPP

Croûtons lassen sich super aus (Weiß-)Brotresten zubereiten – auch auf Vorrat. Daher könnt ihr gern eine größere Menge im Backofen rösten. Croûtons dann luftdicht verschlossen aufbewahren.

PHO MIT TOFU

Die Zitronengras- und Ingwernoten des Tees sind eine hervorragende Basis für die kräftige Brühe, die eine gute Pho ausmacht. Zusammen mit würzig mariniertem Tofu entsteht daraus ein exotischer, veganer Gaumenschmeichler.

Für 2–4 Portionen

etwa 20 Minuten (plus 45 Minuten Marinierzeit)

Grüntee mit Ingwer und Zitronengras

1 Für die Pho den Tofu in 1 cm große Würfel schneiden. Sojasauce, Sesamöl und Essig in einer Schale mischen und den Tofu darin mindestens 45 Minuten marinieren. Je länger die Marinierzeit, desto intensiver der Geschmack.

2 Ingwer und Schalotte halbieren und mit Schale in einer Pfanne ohne Fett rösten. Die Schalen dürfen dabei schwarz werden. Kardamom und Sternanis grob zerstoßen. Den Tee in einem Topf erhitzen. Ingwer, Schalotte, Kardamom, Sternanis, Zimtstange und Misopaste dazugeben und kurz köcheln lassen.

3 Die Paprika längs halbieren, entkernen, waschen und in feine Streifen schneiden. Frühlingszwiebel putzen, waschen und in feine Ringe schneiden.

4 Für die Würzsauce die Limetten auspressen und den Saft in eine Schale geben. Die Chili längs halbieren, entkernen, waschen und fein würfeln. Knoblauch und Ingwer schälen und fein hacken. Die Frühlingszwiebel putzen, waschen und in feine Ringe schneiden. Sojasauce, braunen Zucker, Chili, Knoblauch und Ingwer mit dem Limettensaft mischen. Koriander waschen und trocken schütteln, die Blätter abzupfen, fein hacken und ebenfalls dazugeben. Mit Salz abschmecken.

5 Den Tofu auf Küchenpapier trocknen und im Öl rundum etwa 5 Minuten knusprig braten. Die Reisnudeln nach Packungsangabe erst einweichen und dann bissfest garen. Die Sprossen in einem Sieb heiß abbrausen.

6 Zum Anrichten die Reisnudeln mittig in die Schalen platzieren. Paprika, Frühlingszwiebel und Tofu daraufsetzen. Die heiße Brühe eventuell noch mit Salz abschmecken, angießen und mit den Sprossen dekorieren. Die Würzsauce in einer kleinen Schale separat dazu servieren.

ZUTATEN

Für die Pho:

200 g Tofu (Natur)
5 EL Sojasauce
1 EL Sesamöl
1 EL Weißweinessig
1 Stück Ingwer (etwa 4 cm)
1 Schalotte (oder kleine Zwiebel)
1 Kardamomkapsel
1 Sternanis
800 ml Grüntee mit Ingwer und Zitronengras (z. B. Inner Light von samova)
1 kleine Zimtstange
2 EL helle Misopaste
1 rote Spitzpaprikaschote
1 Frühlingszwiebel
1 EL Öl
etwa 100 g Reisnudeln
Sprossen nach Wahl für die Deko

Für die Würzsauce:

2 Limetten
1 rote Chilischote
1 Knoblauchzehe
1 Stück Ingwer (etwa 2 cm)
1 Frühlingszwiebel
5 EL Sojasauce
1 EL brauner Zucker
1 Bund Koriandergrün
Salz

SÜSSKARTOFFEL-LIMETTEN-SUPPE

TEE-MAIS-SUPPE

Für 4 Portionen

etwa 25 Minuten

Rooibos mit Vanille

SÜSSKARTOFFEL-LIMETTEN-SUPPE

Die Süßkartoffel ist ein toller Begleiter zu fruchtigscharfen Asia-Gerichten. In dieser veganen Suppe spielt sie sogar die Hauptrolle – begleitet von den Zitrusaromen der Limette und feinherbem Rooibostee.

ZUTATEN

2 mittelgroße Süßkartoffeln
2 Zwiebeln
1 Stück Ingwer (etwa 4 cm)
2 Knoblauchzehen
1–2 rote Chilischoten
4 Bio-Limetten
2 EL Öl
1 l Rooibos mit Vanille
2 TL brauner Zucker
Salz
Zimtpulver
1 TL gemahlener Koriander
Limettenstücke und -zesten, Kokosmilch und Chilipulver für die Deko (nach Belieben)

1 Die Süßkartoffeln schälen und in Stücke schneiden. Zwiebeln, Ingwer und Knoblauch ebenfalls schälen und klein schneiden. Die Chili putzen, waschen und in Ringe schneiden (wer es weniger scharf möchte, entfernt vorher Kerne und Seitenwände). Die Limetten heiß waschen, trocken reiben, Schale fein abreiben und Saft auspressen.

2 Das Öl in einem Topf erhitzen und Zwiebeln darin farblos anschwitzen. Knoblauch, Ingwer und Chili dazugeben und einige Minuten mitdünsten. Die Süßkartoffeln hinzufügen und ebenfalls einige Minuten mitdünsten. Dabei gut umrühren, damit nichts ansetzt.

3 Mit etwa drei Viertel des Tees ablöschen. Limettenschale und -saft sowie Zucker und ½ TL Salz dazugeben. Umrühren und bei schwacher Hitze etwa 15 Minuten köcheln lassen.

4 Dann die Suppe in einen hohen Rührbecher geben, mit dem Stabmixer fein pürieren und durch ein Sieb zurück in den Topf passieren. Mit 1–2 Prisen Zimt, Koriander und Salz abschmecken. Sollte die Suppe zu dickflüssig sein, restlichen Tee bis zur gewünschten Konsistenz dazugießen. Suppe in tiefen Tellern anrichten und nach Belieben mit Limettenstücken und -zesten, Kokosmilch und Chilipulver dekorieren.

TIPP

Anstelle von Salz kann man die Suppe auch mit etwa 4 EL Fischsauce würzen. Sie ist dann aber nicht mehr vegan.

TEE-MAIS-SUPPE

Frischer Mais ist nicht nur ein Klassiker auf dem Grill, sondern macht auch im Topf eine gute Figur. In Kombi mit Rooibos-Vanille-Tee wird daraus ein cremigfruchtiges Vergnügen zum Löffeln.

Für 4 Portionen

etwa 40 Minuten

Rooibos mit Vanille

ZUTATEN

4 kleine oder 2 große Kolben Zuckermais (oder Dosen- oder TK-Mais)
2 mehligkochende Kartoffeln
2 Zwiebeln
2 Knoblauchzehen
2 Bio-Zitronen
4 EL Butter
1 l Rooibos mit Vanille
2 TL brauner Zucker
frisch geriebene Muskatnuss
250 g Crème fraîche (oder saure Sahne)
Salz
Pfeffer aus der Mühle
Kräuter für die Deko (z. B. Schnittlauch, Petersilie), gehackt
Zitronenzesten und Chilipulver für die Deko (nach Belieben)

1 Die Maiskolben aufrecht in eine große Schüssel stellen und mit einem Messer die Körner von oben nach unten herunterschneiden. Kartoffeln, Zwiebeln und Knoblauch schälen und klein schneiden. Die Zitronen heiß waschen und trocken reiben, Schale fein abreiben und Saft auspressen.

2 Die Butter in einem großen Topf erhitzen, Kartoffeln, Zwiebeln und Mais darin andünsten (wird Mais aus der Dose oder TK-Mais verwendet, kommt dieser erst zusammen mit dem Tee dazu). Den Knoblauch hinzufügen und alles bei mittlerer Hitze etwa 10 Minuten dünsten.

3 Mit etwa drei Viertel des Tees ablöschen. Zitronenschale und -saft, Zucker und 2 Prisen Muskat dazugeben und die Suppe bei schwacher Hitze etwa 15 Minuten köcheln lassen.

4 Die Suppe in einen hohen Rührbecher geben, mit dem Stabmixer fein pürieren und durch ein Sieb zurück in den Topf passieren. Die Hälfte der Crème fraîche dazugeben und Suppe mit Salz und Pfeffer abschmecken. Sollte die Suppe zu dickflüssig sein, restlichen Tee bis zur gewünschten Konsistenz dazugießen.

5 Die Suppe auf tiefe Teller verteilen, die übrige Crème fraîche (125 g) in Klecksen in die Suppe setzen und leicht verrühren. Die Suppe mit Kräutern und nach Belieben Zitronenzesten und Chilipulver dekorieren.

GEMÜSECURRY

TÜRKISCHER LINSENEINTOPF MIT PILAV

Für 4 Portionen

etwa 35 Minuten

Kräutertee mit Minze

ZUTATEN

500 g Kokosmilch
4 TL Kräutertee mit Minze
200 g Basmatireis
Salz
1 Zwiebel
1 Stück Ingwer (etwa 4 cm)
2 Knoblauchzehen
1 Stängel Zitronengras
1 EL Öl
2 Stangen Staudensellerie
200 g Aubergine
200 g rote Paprikaschote
2 EL Tomatenmark
1 rote Chilischote
½ TL gemahlener Kreuzkümmel
½ TL gemahlener Koriander
Saft von 1 Limette
4–5 Blätter Thai-Basilikum (optional, Asia-Laden)
Pfeffer aus der Mühle
2 Frühlingszwiebeln
4 Stiele Koriandergrün

GEMÜSECURRY

Das leichte Curry mit Aubergine und Paprika bekommt durch die mit Kräuter-Minz-Tee verfeinerte Kokosmilch eine besonders raffinierte Note – und schmeckt so garantiert nicht nur Veganern!

1 Kokosmilch und Tee in einen kleinen Topf geben, aufkochen und bei schwacher Hitze mindestens 20 Minuten ziehen lassen. Den Reis nach Packungsbeilage in Salzwasser garen.

2 Die Zwiebel schälen und grob würfeln. Ingwer und Knoblauch schälen und fein würfeln. Das Zitronengras waschen und das harte obere Stück entfernen. Den Rest in feine Ringe schneiden. Das Öl in einer Pfanne mit hohem Rand erhitzen. Zwiebel, Ingwer, Knoblauch und Zitronengras darin einige Minuten andünsten.

3 Den Sellerie putzen, waschen und in Stücke schneiden. Aubergine und Paprika putzen, waschen und in Stücke schneiden. Das Gemüse in die Pfanne geben und einige Minuten mitbraten. Tomatenmark unterrühren und etwa 30 Sekunden andünsten.

4 Tee-Kokosmilch durch ein feines Sieb in die Pfanne gießen. Chili putzen, waschen, in feine Ringe schneiden und zum Curry geben (wer es weniger scharf mag, entfernt vorher Kerne und Seitenwände). Kreuzkümmel, Koriander, Limettensaft und Thai-Basilikum hinzufügen und das Curry weitere 5–10 Minuten köcheln lassen. Mit Salz und Pfeffer abschmecken.

5 Die Frühlingszwiebeln putzen, waschen und in feine Ringe schneiden. Den Koriander waschen und trocken schütteln, die Blätter abzupfen und grob hacken. Curry mit dem Reis in vorgewärmte Schalen verteilen und mit Frühlingszwiebeln und Koriander bestreuen.

TÜRKISCHER LINSENEINTOPF
mit Pilav

Für 4 Portionen

etwa 50 Minuten

Schwarztee mit Minze

Der Linseneintopf »Mercimek Yemegi« ist ein veganer Klassiker der türkischen Küche und wird dort besonders in der kalten Jahreszeit serviert. Schwarztee mit Minze harmoniert dabei sowohl mit den Linsen als auch mit dem Reis.

ZUTATEN

Für den Eintopf:
500 g grüne Linsen
800 ml Schwarztee mit Minze
1 Zwiebel
3 Knoblauchzehen
1 EL Öl
2 EL Petersilie, gehackt
Salz
Pfeffer aus der Mühle

Für den Pilav:
250 g Reis (Lang- oder Rundkorn)
2 EL Öl
250 g türk. Fadennudeln (Tel Sehriye; Orient-Laden)
250 ml Schwarztee mit Minze
Salz
Petersilie, gehackt, für die Deko

1 Für den Eintopf die Linsen in einem Sieb waschen und mit 500 ml Wasser in einen Topf geben. 400 ml Tee hinzufügen, aufkochen und bei mittlerer Hitze 20 Minuten köcheln lassen. Anschließend die Linsen abgießen, leicht abbrausen und abtropfen lassen.

2 Zwiebel und Knoblauch schälen. Zwiebel fein würfeln, Knoblauch reiben. Beides in einem Topf im Öl scharf anbraten. Die Linsen hinzufügen und kurz verrühren. 500 ml Wasser und restlichen Tee (400 ml) dazugießen. Die Petersilie hinzufügen, Eintopf mit etwa 1 TL Salz und ½ TL Pfeffer würzen und bei mittlerer Hitze etwa 20 Minuten köcheln lassen.

3 Für den Pilav Reis in einem Sieb waschen und abtropfen lassen. In einer Pfanne mit passendem Deckel das Öl erhitzen. Erst die Nudeln kurz darin anbraten, dann den Reis dazugeben und ebenfalls mitbraten. 750 ml heißes Wasser und den Tee dazugießen und aufkochen lassen. 1 TL Salz dazugeben, den Deckel nicht ganz auflegen und Pilav bei mittlerer Hitze köcheln lassen, bis kaum noch Flüssigkeit vorhanden ist. Herd ausstellen, ein Blatt Küchenpapier auf den Reis legen, den Deckel aufsetzen und den Pilav noch etwa 10 Minuten ziehen lassen.

4 Den Linseneintopf mit dem Pilav servieren. Nach Belieben mit Petersilie dekorieren und mit Zwiebelsalat servieren (siehe Tipp).

TIPP

Frischer Zwiebelsalat macht sich gut als Garnitur. Dafür 2 rote Zwiebeln schälen, in Scheiben schneiden und mit etwas gehackter Petersilie, Salz, Pfeffer und Olivenöl verrühren.

Für 4 Portionen

etwa 1 Stunde (plus 30 Minuten Ruhezeit)

Kräutertee mit Salbei

SPINAT-RICOTTA-RAVIOLI

mit Salbeibutter

Ravioli selbst zu machen, hört sich schwieriger an, als es ist, und lohnt sich immer! Diese Variante mit Spinat-Ricotta-Füllung kommt mit einem besonderen Extra: flüssige Butter mit intensiver Salbeinote aus dem Tee.

ZUTATEN

Für den Nudelteig:

150 g Mehl, plus mehr zum Verarbeiten
150 g Hartweizengrieß
Salz
1 EL Olivenöl
3 Eier

Für die Salbeibutter:

250 g Butter
4 TL Kräutertee mit Salbei (z. B. Total Reset von samova)

Für die Füllung:

1 Zwiebel
2 Knoblauchzehen
200 g Blattspinat
2 EL Olivenöl
30 g Pinienkerne
2 Eigelb
200 g Ricotta
100 g Pecorino, gerieben (oder Parmesan)
Salz
Pfeffer aus der Mühle

1 Für den Nudelteig Mehl, Grieß und 1 Prise Salz mischen. In die Mitte eine Mulde drücken. Öl und Eier hineingeben. Zunächst die Eier verquirlen, dann vom Rand das Mehl dazugeben. Nach und nach zu einem elastischen Teig verarbeiten und etwa 10 Minuten kneten. Teig zu einer Kugel formen und in Frischhaltefolie gewickelt im Kühlschrank 30 Minuten ruhen lassen.

2 Für die Salbeibutter Butter in einem kleinen Topf bei schwacher Hitze schmelzen. Den Tee dazugeben und 20–30 Minuten ziehen lassen – die Butter darf dabei nicht sieden. Dann durch ein Sieb abgießen.

3 Für die Füllung Zwiebel und Knoblauch schälen und fein würfeln. Spinat waschen und verlesen. Zwiebel im Öl in einem Topf glasig anschwitzen, Knoblauch dazugeben und kurz mit andünsten. Spinat portionsweise hinzufügen und einige Minuten zugedeckt weich dünsten. In ein Sieb gießen und ausdrücken. Spinat mit Pinienkernen fein hacken und in einer Schüssel mit Eigelb, Ricotta und Pecorino mischen. Mit Salz und Pfeffer kräftig würzen.

4 Nudelteig in 4 Portionen teilen. Jeweils eine Portion auf der bemehlten Arbeitsfläche sehr dünn ausrollen. Alternativ den Teig mit der Nudelmaschine ausrollen (kleinste Dicke). Mit einem Ausstecher (Ø 6–7 cm) Teigkreise ausstechen und nebeneinanderlegen. Auf die Hälfte der Kreise jeweils mittig 1 TL Füllung setzen. Ränder mit etwas Wasser anfeuchten. Restliche Kreise darüberlegen und mit den Fingern festdrücken. Darauf achten, dass keine Luft eingeschlossen wird. Mit einer Gabel die Ränder noch einmal festdrücken. Mit dem restlichen Teig ebenso verfahren.

5 In einem ausreichend großen Topf reichlich Salzwasser zum Kochen bringen und Ravioli portionsweise darin bei mittlerer Hitze 3–4 Minuten garen. Darauf achten, dass sie nicht aneinander- oder am Topf kleben. Sobald sie an die Oberfläche steigen, sind sie fertig. Mit dem Schaumlöffel herausnehmen, in tiefen Tellern anrichten und mit der Salbeibutter beträufeln.

TIPP

Butter kann auch mit anderen Teesorten aromatisiert werden. Ausprobieren lohnt sich auf jeden Fall.

BÄRLAUCHRISOTTO

Würziger Frühlingsbote: Wenn es auf den Märkten den ersten Bärlauch gibt, schlägt das Herz eines jeden Feinschmeckers höher! Perfekt macht sich das Wildkraut mit seinem knoblauchartigen Aroma im Risotto. Und in Kombination mit den Zitrusnoten des Tees wird daraus eine Delikatesse, die solo oder als Begleiter zu Fisch und Gemüse schmeckt.

Für 4 Portionen

etwa 30 Minuten

Grüntee mit Zitrone

ZUTATEN

2 Bund Bärlauch (ersatzweise Rucola)
2 Schalotten
4 EL Öl
300 g Risottoreis
200 ml trockener Weißwein
1 l Grüntee mit Zitrone
40 g Butter
80 g Parmesan, gerieben
Salz
Pfeffer aus der Mühle

1 Den Bärlauch waschen, trocken schütteln, verlesen und in feine Streifen schneiden. Die Schalotten schälen und fein würfeln.

2 Das Öl in einem Topf erhitzen und die Schalotten darin andünsten. Den Reis dazugeben und glasig anschwitzen. Mit dem Wein ablöschen und die Flüssigkeit einkochen lassen.

3 So viel Tee dazugeben, dass der Reis gerade bedeckt ist und mit geschlossenem Deckel bei schwacher Hitze köcheln lassen, dabei immer wieder umrühren. Wenn der Reis die Flüssigkeit aufgenommen hat, erneut Flüssigkeit dazugeben. Den Vorgang wiederholen, bis der Reis nach etwa 20 Minuten bissfest gegart ist.

4 Den Topf vom Herd nehmen. Butter, Parmesan und Bärlauch untermischen und den Risotto cremig rühren. Bärlauchrisotto mit Salz und Pfeffer abschmecken.

HAUPTGERICHTE

Fleisch

Hier werden Rind und Hähnchen pochiert, gegart oder gebraten – natürlich mit Tee. Das Ergebnis: Raffinierte Gerichte mit internationalem Flair für die Fleischliebhaber unter euch.

Für 4 Portionen

etwa 1½ Stunden (plus mindestens 12 Stunden Marinierzeit)

Grüntee mit Minze und Lemongras

RAMEN
mit Teriyaki-Rind und Onsen-Ei

Ramen, die japanische Nudelsuppe, ist inzwischen auch bei uns zum Trend geworden. Es gibt sie in unzähligen Versionen und traditionell gehört dazu eine intensive, lang gekochte Fleischbrühe. Diese Interpretation ersetzt die Brühe durch aromatischen Grüntee mit Minz- und Lemongrasnoten.

ZUTATEN

Für das Onsen-Ei:

4 Eier
200 ml Sojasauce

Für die Brühe:

1 Bund Suppengemüse
4 Knoblauchzehen
1 Stück Ingwer (etwa 8 cm)
12 EL Grüntee mit Minze und Lemongras (z. B. Green Chill von samova)
30 g Kombu-Alge
4 EL Mirin (oder Sherry)
2 EL Reisessig
260 g Ramen-Nudeln

Für die Einlage:

2 Karotten
1 Stange Lauch
40 g Shiitakepilze (oder braune Champignons)
2 Stangen Staudensellerie
2 rote Spitzpaprikaschoten
4 rote Frühlingszwiebeln
300 g Rindfleisch (Rumpsteak oder Hüftsteak)
1 EL Öl
5 EL Teriyakisauce
Shizo-Kresse und Koriander für die Deko

1 Am Vortag für das Onsen-Ei die Eier hart kochen, abkühlen lassen, pellen und in einen Gefrierbeutel legen. So viel von der Sojasauce hinzufügen, dass die Eier komplett bedeckt sind, wenn der Beutel verschlossen ist. Eier über Nacht im Kühlschrank marinieren.

2 Am nächsten Tag für die Brühe das Suppengemüse putzen, schälen bzw. waschen und grob in Stücke schneiden. Knoblauch und Ingwer schälen und in Scheiben schneiden. Alles mit dem Tee in einen Topf geben, etwa 2 l Wasser hinzufügen, aufkochen und bei mittlerer Hitze 30 Minuten köcheln lassen. Brühe durch ein feines Sieb gießen und die Flüssigkeit zurück in den Topf geben. Alge, Mirin und Essig dazugeben und weitere 30 Minuten köcheln lassen.

3 Für die Einlage die Karotten putzen, schälen und in feine Stifte schneiden. Den Lauch putzen, waschen und in dünne Scheiben schneiden. Die Pilze putzen und gegebenenfalls halbieren. Den Sellerie putzen, waschen und in Scheiben schneiden. Die Paprika längs halbieren, entkernen, waschen und in dünne Streifen schneiden. Wasser in einem Topf zum Kochen bringen und das Gemüse darin nacheinander je etwa 1 Minute blanchieren. Die Frühlingszwiebeln putzen, waschen und schräg in feine Ringe schneiden.

4 Das Rindfleisch waschen, trocken tupfen, in dünne Scheiben schneiden und im Öl kurz scharf anbraten. In einer Schale mit der Teriyakisauce mischen und warm halten.

5 Die Nudeln nach Packungsangabe sehr bissfest kochen – sie garen in der heißen Brühe nach. Alge aus der Brühe nehmen und die Brühe nach Belieben noch mit Sojasauce und Reisessig abschmecken. Nudeln in vorgewärmte Schalen geben. Gemüse und Brühe darauf verteilen. Die Onsen-Eier halbieren und mit dem Rindfleisch auf der Suppe anrichten. Ramen mit Frühlingszwiebeln, Kresse und Koriander dekorieren.

TIPP

Für eine vegetarische Version das Rindfleisch durch angebratenen Tofu ersetzen.

TIPP

Für eine vegetarische Version den Bacon weglassen und pflanzliche Patties nehmen.

ALPENBURGER
mit Süßkartoffel-Fries

Wenn es auf der Hütte mal so richtig zünftig werden soll, ist es Zeit für einen würzigen Burger. Das frische Kräuter-Minz-Aroma, der kräftige Bergkäse und die knusprigen Fries machen müde Wanderer wieder munter.

Für 4 Portionen

etwa 1 Stunde

Kräutertee mit Minze

ZUTATEN

Für den Burger:
1 rote Zwiebel
4 EL Kräutertee mit Minze, aufgebrüht
2 EL Weißweinessig
4 TL Kräutertee mit Minze
Salz, Pfeffer aus der Mühle
600 g Rinderhackfleisch
2 Tomaten
2 Gewürzgurken
4 Scheiben Bacon
1 TL Öl
4 Scheiben Bergkäse
4–5 Blätter Eisbergsalat
4 Burger Buns (Fertigprodukt)

Für die Fries:
2 Bio-Süßkartoffeln
2 TL Speisestärke
Öl zum Frittieren

Für die Burgersauce:
4 EL Kräutertee mit Minze, aufgebrüht
2 EL Mayonnaise
2 EL saure Sahne
2 TL Tomatenketchup
2 TL Dijonsenf
1–2 Spritzer Zitronensaft
Salz, Pfeffer aus der Mühle

1 Für den Burger Zwiebel schälen und in feine Ringe schneiden. Die 4 EL aufgebrühten Tee mit Essig mischen und Zwiebel darin mindestens 20 Minuten ziehen lassen. Währenddessen 4 TL losen Kräutertee und je 1 TL Salz und Pfeffer im Mörser oder in der Gewürzmühle möglichst fein mahlen. Hackfleisch mit dem Teegewürz gut mischen und im Kühlschrank ziehen lassen.

2 Für die Fries den Backofen auf 80 °C vorheizen. Die Süßkartoffeln waschen und mit Schale in etwa 1 cm dicke Scheiben schneiden. Diese längs in etwa 1 cm breite und 4–5 cm lange Streifen schneiden. In einer Schüssel gut mit der Stärke mischen.

3 In einem Topf so viel Öl erhitzen, dass der Boden 5–6 cm hoch bedeckt ist. Bilden sich an einem Holzlöffelstiel kleine Bläschen, ist das Öl heiß genug. Süßkartoffelstreifen portionsweise in das Öl geben – lieber kleine Portionen nehmen, damit das Öl nicht zu sehr abkühlt. Nach etwa 3 Minuten, wenn die Streifen schon leicht braun sind, diese herausnehmen und in einem Sieb abtropfen lassen. Vorgang wiederholen, bis alle Süßkartoffelstreifen das erste Mal frittiert sind. Dann wieder portionsweise ein zweites Mal ins Öl geben und 2–3 Minuten knusprig frittieren. Herausnehmen, abtropfen lassen und im Ofen warm halten.

4 Für die Burgersauce alle Zutaten verrühren und mit Salz und Pfeffer würzen. Für den Burger die Tomaten waschen und mit den Gurken in Scheiben schneiden. Die Zwiebelringe auf Küchenpapier abtropfen lassen. Den Bacon im Öl knusprig braten und auf Küchenpapier entfetten.

5 Aus der Hackmasse vier Patties formen, die etwas größer als die Buns sind, da sie beim Braten noch schrumpfen. In der Pfanne im ausgelassenen Bacon-Fett 3–4 Minuten auf einer Seite braten. Dann wenden, Käse auflegen und mit Deckel weitere 2–3 Minuten braten. Burgersauce auf den unteren Hälften der Buns verteilen und aus allen Zutaten die Burger aufschichten. Mit Süßkartoffel-Fries und Tee-Ketchup (S. 134) servieren.

Für 4 Portionen

etwa 50 Minuten (plus mind. 2 Stunden Marinierzeit)

Earl Grey/Früchtetee mit roten Beeren

FLANKSTEAK
mit Tee-Rub und Tee-Ketchup

Flanksteak oder Bavette findet sich inzwischen immer häufiger an der gut sortierten Fleischtheke. Dank seiner feinen Marmorierung hat es einen kräftigen Eigengeschmack, der in diesem Rezept durch eine Tee-Trockenmarinade (Rub) noch unterstrichen wird. Selbst gemachtes Ketchup mit Früchtetee ist dazu der passende Begleiter.

ZUTATEN

Für das Steak:

4 TL Earl Grey
1 TL Pimentkörner
2–3 Gewürznelken
1 TL Gewürz-Holunderbeeren
2 TL schwarze Pfefferkörner
800 g Flanksteak (Bavette; oder Filet oder Entrecôte)
1 EL Öl

Für das Ketchup (500 ml):

4 TL Früchtetee mit roten Beeren
500 g vollreife Tomaten
½ Gemüsezwiebel
1 Knoblauchzehe
2 EL Olivenöl
1 Stück Ingwer (etwa 4 cm)
1 TL Senfpulver
1 TL Paprikapulver
½ TL Currypulver
2 Gewürznelken
½ TL Pimentkörner
½ TL schwarze Pfefferkörner, Salz
20 g brauner Zucker
1 EL Rotweinessig
1 Spritzer Worcestersauce

1 Für das Steak Tee und Gewürze in einer Pfanne ohne Fett anrösten. Im Mörser oder in der Gewürzmühle fein mahlen. Das Fleisch waschen, trocken tupfen und gegebenenfalls von Fett und Sehnen befreien. Tee-Gewürz-Mischung in das Fleisch einmassieren. Steak möglichst fest in Frischhaltefolie wickeln und mindestens 2 Stunden, am besten über Nacht, marinieren.

2 Für das Ketchup den Tee in etwa 4 EL heißem Wasser 10 Minuten ziehen lassen, dann das Teegut in einem Sieb abtropfen lassen.

3 Die Tomaten waschen und in grobe Stücke schneiden, dabei Stielansätze entfernen. Zwiebel und Knoblauch schälen und fein würfeln. Die Zwiebel im Öl glasig anschwitzen. Den Knoblauch dazugeben und kurz mitdünsten. Tomaten, Gewürze und 1 TL Salz hinzufügen und einmal aufkochen lassen. Bei geschlossenem Deckel bei mittlerer Hitze etwa 30 Minuten köcheln lassen. Gelegentlich umrühren.

4 Dann den Topfinhalt in einem hohen Rührbecher mit dem eingeweichten Tee mit dem Stabmixer pürieren. Durch ein Sieb zurück in den Topf passieren. Ketchup noch einmal kurz erhitzen und mit Zucker, Essig, Worcestersauce und gegebenenfalls noch mit Salz und Pfeffer abschmecken. Heiß in sterilisierte Gläser oder Flaschen füllen und verschließen.

5 Den Backofen auf 180 °C vorheizen. Das Steak kurz auf beiden Seiten im Öl anbraten, dabei darauf achten, dass die Marinade nicht verbrennt. Fleisch in Alufolie wickeln und im Ofen (Mitte) je nach gewünschtem Gargrad 10–15 Minuten gar ziehen lassen. Das Steak leicht salzen, gegen die Faser in Streifen schneiden und mit dem Tee-Ketchup servieren. Als Beilage passen Süßkartoffel-Fries (S. 133).

TIPP

Das Ketchup lässt sich mit Chilisauce zu einem Chili-Ketchup oder mit noch mehr Currypulver zu Curry-Ketchup abwandeln.

POCHIERTES HÄHNCHENFILET
mit Rooibosaroma

Hähnchenbrustfilets sind zwar fett- und kalorienarm, können aber dadurch beim Garen schnell trocken und faserig werden. Wird das Hähnchen jedoch wie hier in Rooibos-Tee mit Gewürzen pochiert, bleibt es nicht nur zart und saftig, sondern bekommt noch einen frischfruchtigen Geschmack.

Für 4 Portionen

etwa 40 Minuten

Rooibos mit Cranberry

ZUTATEN
4 Hähnchenbrustfilets
Salz
Pfeffer aus der Mühle
2 kleine Stangen Lauch
2 Karotten
1 kleiner Knollensellerie
1 l Rooibos mit Cranberry (z. B. Scuba Garden von samova)
20 schwarze Pfefferkörner
2 getrocknete Lorbeerblätter
2 Schalotten
2 EL Olivenöl
250 ml trockener Weißwein
20 ml trockener Wermut (z. B. Noilly Prat)
200 g Sahne
2 TL Estragon, gehackt (oder 1 TL getrocknet)

1 Die Hähnchenbrustfilets waschen, trocken tupfen und mit Salz und Pfeffer würzen. Den Lauch putzen und waschen, Karotten und Sellerie putzen und schälen. Gemüse in feine Streifen bzw. Scheiben schneiden.

2 Tee mit Pfefferkörnern, Lorbeerblättern und 1 guten Prise Salz in einem Topf aufkochen. Dann die Temperatur so weit reduzieren, dass die Flüssigkeit nicht mehr kocht und keine Blasen mehr aufsteigen. Hähnchen und Gemüse hineinlegen. Sie sollen vollständig bedeckt sein, gegebenenfalls noch etwas Tee dazugeben. Fleisch und Gemüse 15 Minuten pochieren, dabei darauf achten, dass die Temperatur immer unter dem Siedepunkt bleibt.

3 Den Backofen auf 80 °C vorheizen. Hähnchenfleisch und Gemüse aus der Flüssigkeit nehmen und im Ofen warm halten. Den Tee-Sud durch ein Sieb gießen und aufbewahren.

4 Die Schalotten schälen, fein würfeln und in einem kleinen Topf im Öl glasig anschwitzen. Mit Wein und Wermut ablöschen und etwa 200 ml Tee-Sud dazugießen. Auf die Hälfte einköcheln lassen, durch ein Sieb gießen und wieder in den Topf geben. Sahne und Estragon dazugeben und die Sauce sämig einköcheln lassen. Gemüsestreifen hinzufügen und kurz erhitzen.

5 Die Gemüsestreifen mit der Sauce auf Tellern anrichten. Die Hähnchenbrustfilets in Scheiben schneiden und daraufsetzen.

GEMÜSE-HACK-GRATIN

Doppelter Aromakick: In diesem Rezept verfeinert würziger Kräutertee gleich auf zwei Arten – beim Blanchieren des Gemüses und danach als Tee-Gemüse-Brühe in der Béchamelsauce.

Für 4 Portionen

etwa 45 Minuten

Kräutertee mit Fenchel und Salbei

ZUTATEN

6 TL Kräutertee mit Fenchel und Salbei
1 kleiner Blumenkohl
2–3 Karotten
1 Stange Lauch
1 EL Öl
500 g Rinderhackfleisch
1 Zwiebel
1 EL Butter
1 EL Mehl
150 g geriebener Mozzarella
1 Spritzer Zitronensaft
½ TL frisch geriebene Muskatnuss
Salz
Pfeffer aus der Mühle
Fett für die Form

1 Den Tee in etwa 1 l Wasser aufbrühen und 8–10 Minuten ziehen lassen. Durch ein feines Sieb in einen weiteren Topf gießen und aufkochen.

2 Den Blumenkohl putzen, waschen und in kleine Röschen teilen. Die Karotten putzen, schälen und schräg in Scheiben schneiden. Den Lauch putzen, waschen und ebenfalls in Scheiben schneiden. Gemüse nacheinander im Tee für einige Minuten blanchieren. Tee-Gemüse-Brühe aufbewahren.

3 Das Öl in einer Pfanne erhitzen und das Hackfleisch darin unter Rühren krümelig anbraten. Die Zwiebel schälen, fein würfeln, dazugeben und bei schwacher Hitze weich dünsten.

4 Den Backofen auf 180 °C vorheizen. Die Butter in einem Topf erhitzen. Das Mehl dazugeben und unter Rühren anschwitzen. Nach und nach so viel Tee-Brühe unter Rühren dazugeben, bis eine cremige Sauce entsteht. Etwa ein Viertel des Mozzarellas unterrühren und die Béchamelsauce mit Zitronensaft, Muskat, Salz und Pfeffer würzen.

5 Eine rechteckige Auflaufform (etwa 20 x 30 cm) einfetten. In einer Schüssel Gemüse und Hackfleisch mischen und in der Form verteilen. Béchamelsauce gleichmäßig darübergießen und restlichen Mozzarella (etwa 110 g) darauf verteilen. Gratin im Ofen (Mitte) etwa 25 Minuten goldgelb backen.

HAUPTGERICHTE

Fisch

Earl Grey oder Rooibos – als Beize, Marinade oder Kochsud für feinen Fisch eignen sich diese Teesorten besonders gut. Und wer für einen wahren Wow-Effekt auf dem Teller sorgen will, greift zu Matcha als Zutat. Einfach mal umblättern!

Für 4 Portionen

etwa 1 Stunde (plus 30 Minuten Ruhezeit)

Matchatee

MATCHA DUMPLINGS
mit Garnelen und Chilidip

Dumplings, die kleinen gefüllten Teigtaschen, bekommt man in China an jeder Ecke. Auch hierzulande werden Dumpling-Restaurants immer beliebter. Noch besser: Die Teigtäschchen selbst machen! In unserem Rezept wird der Teig mit feinem Matchatee aromatisiert.

ZUTATEN

Für den Teig:

400 g Mehl, plus mehr zum Verarbeiten
2 TL Matchatee
Salz

Für die Füllung:

2 Zwiebeln
2 Karotten
2 Knoblauchzehen
1 Stück Ingwer (etwa 5 cm)
200 g Garnelen (küchenfertig)
2 EL Öl
6 EL Sojasauce
4 EL Tomatenketchup
2 TL Sesamöl
2 TL Zitronensaft

Für den Dip:

2 Knoblauchzehen
1 Stück Ingwer (etwa 3 cm)
6 EL Sojasauce
4 EL Reisessig
2 TL Chiliflocken
2 EL flüssiger Honig

1 Für den Teig Mehl, Matchatee und 2 Prisen Salz in einer Schüssel gut mischen. Nach und nach etwa 200 ml warmes Wasser dazugeben und alles zu einem elastischen Teig verkneten. 30 Minuten ruhen lassen.

2 Für die Füllung die Zwiebeln schälen und fein würfeln. Karotten putzen und schälen, Knoblauch und Ingwer schälen. Karotten klein und Knoblauch fein würfeln, den Ingwer fein reiben. Die Garnelen waschen, trocken tupfen und klein schneiden.

3 Das Öl in einer Pfanne erhitzen und die Zwiebeln darin andünsten. Karotten, Knoblauch und Ingwer dazugeben und bei mittlerer Hitze 5 Minuten mitdünsten. Mit Sojasauce ablöschen, Ketchup und Garnelen hinzufügen. Kurz einköcheln lassen, dann mit Sesamöl und Zitronensaft abschmecken.

4 Für den Dip Knoblauch und Ingwer schälen, fein würfeln und mit den restlichen Zutaten verrühren.

5 Teig in vier Portionen teilen. Eine Portion auf der bemehlten Arbeitsfläche dünn ausrollen. Mit einem Ausstecher (Ø etwa 10 cm) Teigkreise ausstechen und nebeneinanderlegen. Jeweils 1 TL Füllung in die Mitte der Kreise setzen. Ränder mit einem kleinen Pinsel mit etwas Wasser anfeuchten, Teig über der Füllung zu »Taschen« formen und festdrücken. Die Ränder andrücken.

6 In einem Bambusdämpfer oder einem Topf mit Dampfeinsatz Wasser erhitzen und die Dumplings darin 8–10 Minuten dämpfen – sobald sie eine glasige Oberfläche haben, sind sie fertig. Die Matcha Dumplings mit dem Chilidip servieren.

TIPP

Wer die Dumplings lieber knusprig mag, brät sie nach dem Dämpfen noch in einer Pfanne in etwas Öl auf beiden Seiten an. Für eine vegane Variante die Garnelen durch Shiitake-pilze ersetzen.

MARINIERTER LACHS
auf Paprika-Zucchini-Gemüse

Lachs eignet sich durch seinen Fettgehalt besonders gut zum Marinieren. Der Marinademix aus Schwarztee mit Bergamotte und erfrischenden Zitrusaromen verleiht ihm hier eine ganz besondere Note.

1 Für den Lachs das Fischfilet waschen, trocken tupfen und in 4 Portionen teilen. Die Zitronen heiß waschen und trocken reiben, Schale fein abreiben und Saft auspressen. Die Lachsstücke mit dem Zitronensaft beträufeln.

2 Den Tee im Mörser oder in der Gewürzmühle zu feinem Pulver mahlen. Mit Pfeffer, 2 TL Salz und Zitronenschale mischen. Die Tee-Gewürz-Mischung gleichmäßig auf der Fleischseite verteilen. Lachsfilets in Frischhaltefolie wickeln und im Kühlschrank mindestens 2 Stunden marinieren lassen.

3 Für das Gemüse die Zucchini putzen, waschen und schräg in Scheiben schneiden. Die Paprika längs halbieren, entkernen, waschen und in mundgerechte Stücke schneiden. Die Schalotten schälen, fein würfeln und im Öl andünsten. Das Gemüse dazugeben und einige Minuten mitdünsten. Mit dem Tee ablöschen und das Gemüse bei mittlerer Hitze bissfest garen. Mit Salz und Pfeffer abschmecken.

4 Für den Lachs das Öl in einer Pfanne erhitzen und die Fischfilets darin auf der Hautseite etwa 5 Minuten knusprig braten. Lachs wenden und weitere 3 Minuten fertig garen – er sollte innen noch leicht glasig sein. Herausnehmen und warm halten. Die Zitronenscheiben in der Pfanne kurz auf beiden Seiten anbraten.

5 Das Gemüse auf Tellern mittig anrichten, die Lachsfilets daraufsetzen und mit den Zitronenscheiben dekorieren.

Für 4 Portionen

etwa 25 Minuten (plus 2 Stunden Marinierzeit)

Earl Grey

ZUTATEN

Für den Lachs:

800 g Lachsfilet (mit Haut)
2 Bio-Zitronen
8 TL Earl Grey
2 TL Pfeffer aus der Mühle
Salz
4 EL Olivenöl
4 Bio-Zitronenscheiben

Für das Gemüse:

2 Zucchini
2 rote Paprikaschoten
2 Schalotten
2 EL Olivenöl
100 ml Earl Grey
Salz
Pfeffer aus der Mühle

Für 4 Portionen

etwa 45 Minuten (plus 12 Stunden Marinierzeit)

Rooibos mit Apfel und Minze

GEBEIZTER KABELJAU
mit Kartoffelwürfeln auf Gurkengemüse

Beizen ist eine traditionelle Methode zum Aromatisieren von Fisch oder Fleisch. Rooibostee mit Noten von Apfel und Minze unterstreicht dabei den feinen Fischgeschmack und bringt eine Brise Nordseeluft auf den Tisch.

ZUTATEN

Für den Kabeljau:

500 g Kabeljaufilet (oder Rotbarsch oder Saibling)
8 TL Rooibos mit Apfel und Minze (z. B. Saint Peter's von samova)
50 g Zucker
50 g Salz
2 EL Mehl
4 EL Öl
4 Bio-Zitronenscheiben

Für die Kartoffeln und das Gemüse:

500 g festkochende Kartoffeln
Salz
2 Salatgurken
2 große Karotten
2 Bio-Zitronen
2 EL Butter
200 ml Rooibos mit Apfel und Minze (z. B. Saint Peter's von samova)
2 EL saure Sahne
Zucker
Pfeffer aus der Mühle
2 EL Öl
Zitronenscheiben und Fenchelgrün für die Deko (nach Belieben)

1 Am Vortag für den Kabeljau das Fischfilet waschen, trocken tupfen und gegebenenfalls Gräten entfernen. Filet in 4 Portionen teilen. Den Tee im Mörser oder in der Gewürzmühle fein mahlen. Mit Zucker und Salz mischen. Beize gleichmäßig auf beide Seiten der Filets verteilen und diese nebeneinander in eine Form legen. Mit Frischhaltefolie abdecken, beschweren (z. B. mit Dosen oder Getränketüten) und im Kühlschrank mindestens 12 Stunden, am besten über Nacht, beizen.

2 Am nächsten Tag die Kartoffeln in der Schale in Salzwasser garen, abgießen, ausdampfen lassen und noch heiß pellen. Abkühlen lassen.

3 Für das Gemüse die Gurken schälen, längs halbieren und entkernen. Gurkenhälften quer in etwa 1 cm dicke Scheiben schneiden. Die Karotten putzen, schälen und schräg in Scheiben schneiden. Die Zitronen heiß waschen und trocken reiben, Schale fein abreiben und Saft auspressen.

4 In einem Topf die Butter erhitzen. Zuerst die Karotten darin bei mittlerer Hitze dünsten, nach ein paar Minuten die Gurkenscheiben dazugeben und mitdünsten. Den Tee dazugießen und einköcheln lassen. Saure Sahne, Zitronensaft und -schale hinzufügen. Das Gemüse mit 2 Prisen Zucker, Salz und Pfeffer abschmecken.

5 Die Kartoffeln in etwa 1 cm große Würfel schneiden und in einer Pfanne im Öl rundum knusprig braten. Mit Salz und Pfeffer würzen. Gebeizte Fischfilets kalt abspülen und die Beize entfernen. Die Filets trocken tupfen, in Mehl wenden und in einer Pfanne im Öl auf beiden Seiten 4–5 Minuten braten.

6 Gurkengemüse und Kartoffelwürfel auf Tellern anrichten, die gebeizten Fischfilets daraufsetzen. Mit je 1 Zitronenscheibe und nach Belieben mit etwas Fenchelgrün dekorieren.

Saint Peter's

SEELACHS
mit Orangen-Fenchel-Gemüse

Auch wenn Seelachs nicht zu den Edelfischen zählt, so wird er im Zusammenspiel mit Earl-Grey-Tee zu einem echten Tee-Lachs. Frischfruchtiges Orangen-Fenchel-Gemüse sorgt für sizilianisches Flair auf dem Teller.

Für 4 Portionen

etwa 30 Minuten (plus mind. 2 Stunden Marinierzeit)

Earl Grey

ZUTATEN
800 g Seelachsfilet
200 ml Earl Grey, abgekühlt
2 Schalotten
2 Fenchelknollen
4 Bio-Orangen
2 EL Olivenöl
2 TL Fenchelsamen
40 g Sahne (oder Crème fraîche)
1 Spritzer Zitronensaft
2 EL Pinienkerne

1 Das Fischfilet waschen, trocken tupfen, in 4 Portionen teilen und mit dem Tee in einen Gefrierbeutel geben. Mindestens 2 Stunden, besser noch über Nacht, im Kühlschrank marinieren.

2 Die Schalotten schälen und fein würfeln. Den Fenchel putzen, die Spitzen der Stängel abschneiden, das Fenchelgrün aufheben. Den Fenchel halbieren und den Strunk herausschneiden. Fenchelhälften in Scheiben schneiden.

3 Orangen heiß waschen, trocken reiben und die Schale fein abreiben. Zwei Orangen auspressen. Die beiden anderen so großzügig schälen, dass auch die weiße Haut entfernt wird, und die Filets aus den Trennhäuten schneiden.

4 Die Schalotten in einer Pfanne mit Deckel im Öl andünsten. Fenchel und Fenchelsamen dazugeben und ein paar Minuten mitdünsten. Fisch aus der Marinade nehmen und die Marinade zum Gemüse gießen. Orangenschale und -saft ebenfalls dazugeben. Die Fischfilets auf das Gemüse legen und bei geschlossenem Deckel je nach Dicke der Filets 5–10 Minuten dünsten. Fisch aus der Pfanne nehmen und warm halten. Das Gemüse mit Sahne binden. Mit Salz, Pfeffer und Zitronensaft abschmecken.

5 Die Pinienkerne in einer Pfanne ohne Fett rösten. Fenchelgemüse und Orangenfilets mittig auf Tellern anrichten. Fischfilets auf das Gemüse setzen. Mit Pinienkernen und Fenchelgrün dekorieren.

Für 4 Portionen

etwa 30 Minuten

Rooibos mit Cranberry

ZUTATEN

4 kg frische Miesmuscheln
4 Zwiebeln
4 Knoblauchzehen
2 Karotten
2 Stangen Staudensellerie
30–40 g Butter
4 getrocknete Lorbeerblätter
200 ml trockener Weißwein
400 ml Rooibos mit Cranberry
Salz
Pfeffer aus der Mühle

MUSCHELN IM TEESUD

Miesmuscheln in Weißweinsud sind eine echte Delikatesse. Hier kommt der französische Klassiker besonders raffiniert auf den Tisch: Die Aromen von Rooibos und Cranberry bilden die perfekte Abrundung für den Sud. Dazu knuspriges Baguette mit Aioli – bon appétit!

1 Das Spülbecken oder eine große Schüssel mit kaltem Wasser füllen, die Muscheln hineingeben und gegebenenfalls putzen. Bei schon geöffneten Muscheln den Klopftest machen. Schließen sie sich wieder, können sie genutzt werden, falls nicht, aussortieren!

2 Zwiebeln und Knoblauch schälen und fein würfeln. Die Karotten putzen und schälen, den Sellerie putzen und waschen. Beides ebenfalls fein würfeln.

3 Die Butter in einem großen Topf erhitzen und die Zwiebeln darin bei mittlerer Hitze andünsten. Knoblauch und Gemüse dazugeben und ein paar Minuten mitdünsten. Mit dem Wein ablöschen. Tee und Lorbeerblätter hinzufügen und 5 Minuten köcheln lassen.

4 Die Muscheln in den Topf geben und bei geschlossenem Deckel bei starker Hitze etwa 8 Minuten garen. Dabei gelegentlich den Topf schütteln, damit sich die Muscheln leichter öffnen.

5 Die Muscheln mit der Schaumkelle in eine Schüssel geben. Muscheln, die sich nicht geöffnet haben, aussortieren. Sud mit Salz und Pfeffer abschmecken und über die Muscheln gießen. Dazu passt knuspriges Baguette.

Desserts

Süßes geht immer! Vor allem, wenn es wie hier so köstlich mit den Aromen von Zitronenverbene, Rooibos mit Orange und Co. verfeinert wird. So werden aus Klassikern wie Crème brûlée oder Panna cotta ganz neue Geschmackserlebnisse!

TIPP

Die Sauce passt anstatt Preiselbeer- oder Cranberrysauce auch gut zu herzhaften Gerichten wie Wild, Geflügel oder Braten.

DESSERTSAUCE

Wer »heiße Liebe«, also Vanilleeis mit heißen Himbeeren, mag, der wird diese Sauce mit fruchtig-beerigem Tee lieben. Schnell und einfach zubereitet, ist sie ein echter Nachtisch-Allrounder.

/

1 Weißwein, 100 ml Wasser und Zucker in einem Topf aufkochen und den Zucker unter Rühren auflösen.

2 Die Zitrone heiß waschen und trocken reiben, Schale fein abreiben und Saft auspressen. Beides mit dem Tee zur Weinmischung geben und bei mittlerer Hitze 10 Minuten köcheln lassen. In einen hohen Rührbecher geben und mit dem Stabmixer pürieren.

3 Die Dessertsauce kalt oder warm über Vanilleeis geben und nach Belieben mit Schokoladen-Dekoration (siehe Rezept unten) dekorieren.

Für 4 Portionen

etwa 15 Minuten

Früchtetee mit roten Beeren

ZUTATEN

100 ml Weißwein
20 g Zucker
1 Bio-Zitrone
4 TL Früchtetee mit roten Beeren

SCHOKOLADEN-DEKORATION

Köstliche Krönung für viele Desserts: Die Schoko-Deko mit feiner Gewürznote ist ganz einfach gemacht und ein wahrer Hingucker auf Eis oder Cremenachspeisen.

/

1 Die Schokolade hacken und in einer Metallschüssel über dem heißen Wasserbad schmelzen.

2 Den Chai-Tee im Mörser oder in der Gewürzmühle fein zermahlen und gründlich unter die geschmolzene Schokolade rühren. Die Gewürzschokolade mit einem Löffel oder Kuchenspatel auf einen Bogen Backpapier geben, gleichmäßig dünn ausstreichen und fest werden lassen.

3 Die Schokolade vom Backpapier lösen, in Stücke brechen und als Topping für Desserts verwenden.

Für 4 Portionen

etwa 15 Minuten (ohne Auskühlzeit)

Chai-Tee

ZUTATEN

50 g Zartbitterschokolade (mit 70 % Kakaoanteil)
½ TL Chai-Tee

JOGHURTCREME MIT HIMBEERSAUCE

ZITRONENVERBENE-CRÈME-BRÛLÉE

Für 4 Portionen

etwa 30 Minuten (plus 30 Minuten Abkühlzeit)

Kräutertee mit Apfel und Minze

ZUTATEN

2 Bio-Limetten
8 TL Kräutertee mit Apfel und Minze
6 EL brauner Zucker
8 Kardamomkapseln
4 EL Speisestärke
100 g TK-Himbeeren
½ TL Zucker
200 g Sahne
400 g Joghurt
8 Cantuccini (ital. Mandelkekse; oder Butterkekse)
20 g Pistaziensplitter (oder gehackte Pistazien)
frische Himbeeren für die Deko (nach Belieben)

JOGHURTCREME
mit Himbeersauce

Was gibt es Schöneres nach einem guten Essen als etwas Süßes? Bei diesem Schichtdessert harmonieren die leichten Apfel- und Minzenoten des Tees perfekt mit Limette, Kardamom und Himbeeren.

1 Die Limetten heiß waschen und trocken reiben, Schale fein abreiben und Saft auspressen. In einem Topf 400 ml Wasser mit Tee, braunen Zucker sowie Limettenschale und -saft zum Kochen bringen. Die Kardamomkapseln zerdrücken und dazugeben. Umrühren, bis sich der Zucker aufgelöst hat und bei mittlerer Hitze etwa 10 Minuten köcheln lassen.

2 Die Speisestärke mit etwas kaltem Wasser glatt rühren und unter die Teemischung rühren. Sobald die Flüssigkeit andickt, den Topf vom Herd nehmen und die Teemischung abkühlen lassen.

3 Inzwischen die Himbeeren auftauen und in einem Topf mit dem Zucker aufkochen und durch ein Sieb passieren.

4 Die Sahne steif schlagen und den Joghurt unterziehen. Teemischung durch ein feines Sieb zum Sahne-Joghurt-Mix geben und unterheben. Die Kekse in einen Gefrierbeutel geben und mit dem Nudelholz oder Plattiereisen in grobe Stücke brechen.

5 Zum Anrichten zuerst die Keksstücke in Dessertgläser geben. Dann die Teecreme mit einem Löffel oder Spritzbeutel darauf verteilen. Mit Himbeersauce, Pistazien und nach Belieben Himbeeren dekorieren.

ZITRONENVERBENE-CRÈME-BRÛLÉE

Mit ihrer erfrischenden Zitrusnote eignet sich die Zitronenverbene hervorragend zum Aromatisieren von Nachspeisen – der französische Dessertklassiker Crème brûlée schmeckt so besonders verführerisch.

Für 4 Portionen

etwa 25 Minuten (plus 45 Minuten Garzeit und mind. 2 Stunden Kühlzeit)

Zitronenverbene

ZUTATEN

1 Vanilleschote
1 Bio-Zitrone
200 ml Milch
250 g Sahne
4 TL Zitronenverbene-Tee
4 Eigelb (Größe M)
100 g brauner Zucker

1 Den Backofen auf 120 °C Umluft vorheizen. Die Vanilleschote längs aufschneiden und das Mark mit der Rückseite eines kleinen Messers herauskratzen. Zitrone heiß waschen, trocken reiben und Schale fein abreiben.

2 Milch, Sahne, Tee, Vanilleschote und -mark sowie Zitronenschale in einem Topf kurz aufkochen. Vom Herd nehmen und abkühlen lassen. Die Vanilleschote wieder entfernen.

3 In einer Schüssel Eigelb mit 40 g Zucker schaumig schlagen. Milch-Sahne-Mischung durch ein Sieb unter Rühren dazugeben. Die Masse in 4 Portionsförmchen (à 125 ml) füllen. Die Förmchen in eine ofenfeste Form stellen und so viel heißes Wasser dazugießen, dass die Förmchen zu zwei Dritteln im Wasser stehen. Die Creme im Ofen (Mitte) etwa 45 Minuten stocken lassen.

4 Die Förmchen aus dem Ofen nehmen, Creme abkühlen lassen und mindestens 2 Stunden in den Kühlschrank stellen.

5 Vor dem Servieren den restlichen Zucker (60 g) als dünne Schicht auf die Creme streuen und entweder mit dem Flambierbrenner oder unter dem Backofengrill karamellisieren. Die Kruste kurz fest werden lassen und die Crème brûlée sofort servieren.

TIPP

Die Sahne kann auch mit anderen Kräuter- oder Früchtetees aromatisiert werden – Experimentieren lohnt sich!

Für 1 flache Form

etwa 15 Minuten (plus 2–3 Stunden Gefrierzeit)

Früchtetee mit roten Beeren

ZUTATEN

1 Bio-Zitrone
100 ml Weißwein
70 g Zucker
1 Zweig Rosmarin
500 ml Früchtetee mit roten Beeren, abgekühlt
ein paar kleine Rosmarinzweige für die Deko

FRÜCHTETEE-GRANITA MIT ROSMARIN

Löffeln statt Trinken! Diese Granita auf Weißweinbasis begeistert durch ihren köstlichen Aromenmix aus Beeren und Rosmarin.

1 Die Zitrone heiß waschen und trocken reiben, Schale fein abreiben und Saft auspressen. Beides mit Wein und Zucker aufkochen. Rosmarin waschen und trocken tupfen, Nadeln abzupfen, klein hacken und dazugeben. Rühren, bis sich der Zucker aufgelöst hat.

2 Den Tee dazugießen, noch einmal aufkochen und dann abkühlen lassen. Die Flüssigkeit durch ein Sieb in eine flache Form (etwa 30 cm Länge) gießen.

3 Die Form eben in das Tiefkühlfach stellen. Die Masse 2–3 Stunden gefrieren lassen, dabei alle 15–20 Minuten mit einer Gabel durchmischen – so entsteht die typisch flockige Konsistenz.

4 Die Granita in Dessertgläsern anrichten und mit Rosmarin dekoriert servieren. Wer möchte, kann auch noch 1 EL saure Sahne oder Joghurt dazugeben.

Für 4 Portionen

etwa 20 Minuten (plus 3 Stunden Gefrierzeit)

Kräutertee mit Wacholder

ZUTATEN

1 Bio-Zitrone
800 ml Kräutertee mit Wacholder, abgekühlt (z. B. Gin Soul von samova)
40 ml Zuckersirup
1 Handvoll Minzeblätter, plus mehr für die Deko
je 50 g Himbeeren und Heidelbeeren, plus mehr für die Deko

GIN-SORBET

Erfrischung gefällig? Dieses außergewöhnliche Sorbet verdankt seinen Namen den Wacholdernoten des Tees, die perfekt mit Beeren und Minze harmonieren.

1 Die Zitrone heiß waschen und trocken reiben, Schale fein abreiben und Saft auspressen. Beides mit Tee und Zuckersirup mischen, die Flüssigkeit auf Eiswürfelformen verteilen und im Gefrierfach 3 Stunden zu Eiswürfeln gefrieren lassen.

2 Die Minze waschen, trocken schütteln und mit den Tee-Eiswürfeln im Standmixer 3–5 Minuten zu einem feinen Sorbet pürieren.

3 Die Beeren verlesen, waschen und auf Schalen oder Gläser verteilen. Sorbet darauf verteilen und mit Minze und Beeren dekoriert servieren.

TIPP

Für eine alkoholfreie Granita den Wein durch die entsprechende Menge Tee ersetzen.

GIN-SORBET

FRÜCHTETEE-GRANITA MIT ROSMARIN

Orange Safari

ORANGE PANNA COTTA
mit Himbeertopping

Die beliebte italienische Creme einmal anders: Die Orangennote des Tees aromatisiert die Sahne, dazu eine fruchtige Sauce – wer kann da schon widerstehen?

/

Für 4 Portionen

etwa 20 Minuten (plus 30 Minuten Ziehzeit und mind. 5 Stunden Kühlzeit)

Rooibos mit Orange

ZUTATEN

Für die Panna cotta:
400 g Sahne
100 g Zucker
6 TL Rooibos mit Orange (z. B. Orange Safari von samova im Refill)
4 Blatt Gelatine (oder Agar-Agar)
10 ml Orangenlikör

Für das Topping:
300 g Himbeeren (frisch oder TK)
50 g Zucker
1 TL Zitronensaft
4 Zitronenmelisseblätter

1 Für die Panna cotta Sahne mit Zucker in einem Topf aufkochen. Vom Herd nehmen und den Tee einrühren. Die Mischung 20–30 Minuten ziehen lassen. Durch ein Sieb gießen und zurück in den Topf geben.

2 Die Gelatine in kaltem Wasser etwa 5 Minuten einweichen. Die Sahne wieder etwas erhitzen, aber nicht noch mal aufkochen. Orangenlikör dazugeben. Gelatine in der heißen Sahne auflösen (wird Agar-Agar benutzt, die Sahne kurz aufkochen, die entsprechende Menge Agar-Agar einrühren, 2 Minuten köcheln lassen und vom Herd nehmen).

3 Die Sahnemischung auf 4 Portionsförmchen verteilen und abkühlen lassen. Im Kühlschrank mindestens 5 Stunden fest werden lassen.

4 Für das Topping die Himbeeren – bis auf ein paar für die Deko – mit Zucker und Zitronensaft in einem Topf erhitzen. Bei schwacher Hitze unter Rühren etwa 5 Minuten köcheln lassen, bis die Himbeeren zerfallen und der Zucker sich aufgelöst hat. Die Sauce durch ein Sieb passieren, um die Kerne zu entfernen.

5 Die Panna cotta auf Dessertteller stürzen und die Himbeersauce darauf verteilen. Mit übrigen Himbeeren und Zitronenmelisse dekorieren.

TEARAMISU

Für 4–6 Portionen

etwa 30 Minuten (plus mind. 4 Stunden Kühlzeit)

Grüntee mit Minze

Tiramisu ist wohl das bekannteste Dessert der italienischen Küche. Wir ersetzen den Espresso durch stark gebrühten Grüntee mit leichter Minznote, die super zum Kakao passt.

ZUTATEN

4 gehäufte TL Grüntee mit Minze
100 g Zucker
1 Bio-Zitrone
4 frische Eier
450 g Mascarpone
30 Löffelbiskuits
2 EL Kakaopulver
Minzblätter für die Deko (nach Belieben)

1 Den Grüntee mit 400 ml Wasser stark aufbrühen, 2 EL Zucker darin auflösen und den Tee abkühlen lassen.

2 Die Zitrone heiß waschen, trocken reiben und Schale fein abreiben. Die Eier mit dem restlichen Zucker (70 g) etwa 4 Minuten schaumig schlagen. Den Mascarpone mit der Zitronenschale vorsichtig unterheben.

3 Die Hälfte der Löffelbiskuits in den Tee tauchen, nebeneinander in eine rechteckige Form (etwa 24 x 19 cm) legen und mit der Hälfte der Creme bestreichen. Die restlichen Biskuits ebenfalls in Tee tauchen, auf die Creme legen und mit der übrigen Creme bedecken. Mit Kakaopulver gleichmäßig bestäuben und mindesten 4 Stunden, am besten über Nacht, kühl stellen.

4 Zum Servieren einzelne Portionen Tearamisu auf Dessertteller setzen und nach Belieben mit Minzblättern dekorieren.

TIPP

Ihr wollt ein Tearamisu ohne Eier? Dann diese einfach durch geschlagene Sahne ersetzen.

TEE AM STIEL

Ein eiskaltes Vergnügen! Herrlich erfrischendes Eis lässt sich ganz einfach herstellen und bekommt mit abgekühltem Rooibos- und Früchtetee nicht nur eine tolle Farbe, sondern auch einen fantastischen Fruchtgeschmack. Das hat Sti(e)l!

Ergibt 12 Stück (à 150 ml)

etwa 10 Minuten (plus 12 Stunden Gefrierzeit)

Rooibos mit Orange / Früchtetee mit roten Beeren

ZUTATEN

Für das Eis:

800 ml Rooibos mit Orange, abgekühlt
40 ml Zuckersirup
800 ml Früchtetee mit roten Beeren, abgekühlt

Außerdem:

12 Eisförmchen mit Stiel

1 Rooibos und Zuckersirup mischen, die Eisformen damit zu einem Drittel füllen und etwa 4 Stunden in das Tiefkühlfach stellen.

2 Dann den Früchtetee einfüllen und die Stiele einstecken. Das Eis am Stiel weitere 8 Stunden durchfrieren lassen.

TIPP

Erfrischung für Erwachsene: Früchtetee vor dem Gefrieren mit Gin oder Wodka aromatisieren.

Cocktails

Neben einem leckeren Tee braucht es nicht viel für einen guten Cocktail oder Mocktail, die Variante ohne Alkohol: etwas Spirituosen, Saft und Sirup, die Sportflasche macht sich auch gut als Shaker, dazu noch ein Sieb – fertig!

FRENCH LAGOON
GIN APPLE

HERBAL VIBES
MAR-TEA-NI

FRENCH LAGOON

In dieser französischen Cocktail-Variante ergänzen wir Zitronenlimonade mit sprudelnder Zitronenverbene – und träumen beim Trinken vom azurblauen Meer.

Für 1 Drink

etwa 10 Minuten (ohne Abkühlzeit)

Zitronenverbene

ZUTATEN

Mit Alkohol:

4 TL Zitronenverbene
100 ml Zitronenlimonade
30 ml Wodka
20 ml Blue-Curaçao-Sirup
20 ml Zitronensaft
5–6 Eiswürfel

Ohne Alkohol:

4 TL Zitronenverbene
150 ml Zitronenlimonade
4 Bio-Orangenspalten
20 ml Blue-Curaçao-Sirup
10 ml Zitronensaft
Crushed Ice

1 Für den Drink mit Alkohol den Tee mit 150 ml Wasser aufbrühen, ziehen lassen, durch ein Sieb gießen und abkühlen lassen. Restliche Zutaten mit den Eiswürfeln in ein Cocktailglas geben, mit Tee auffüllen und verrühren. Nach Belieben mit Minze und Zitronenscheibe dekorieren.

2 Für die alkoholfreie Variante den Tee mit 150 ml Wasser aufkochen, ziehen lassen, durch ein Sieb gießen und abkühlen lassen. Orangenspalten in ein Cocktailglas geben und mit einem Stößel andrücken. Restliche Zutaten dazugeben, mit Crushed Ice und Tee auffüllen und verrühren. Nach Belieben mit Minze und Zitronenscheibe dekorieren.

GIN APPLE

Mit frischen Zutaten plus Kräutertee mit Wacholdernote kann dieser Drink auch den letzten Gin-Skeptiker überzeugen.

Für 1 Drink

etwa 10 Minuten (ohne Abkühlzeit)

Kräutertee mit Wacholder

ZUTATEN

2 TL Kräutertee mit Wacholder
4 Bio-Limettenspalten
2 Basilikumblätter
½ Scheibe Bio-Salatgurke
5–6 Eiswürfel
je 40 ml Gin und naturtrüber Apfelsaft
20 ml Agavendicksaft

1 Den Tee mit 200 ml Wasser aufbrühen, ziehen lassen, durch ein Sieb gießen und abkühlen lassen.

2 Limettenstücke, Basilikum und Gurkenscheibe in einem Cocktailglas mit einem Stößel zerdrücken und so viele Eiswürfel dazugeben, bis das Glas zu drei Vierteln voll ist. Gin (für die alkoholfreie Variante weglassen), Saft und Agavendicksaft hinzufügen und mit Tee auffüllen. Shakerbecher aufsetzen, gut shaken und den Cocktail zurück ins Glas gießen. Nach Belieben mit Basilikum und Gurkenscheibe dekorieren.

HERBAL VIBES

Kräuter-Minz-Aromen als Kontrast zu exotischfruchtigen Noten machen diesen Drink zum idealen Begleiter für spektakuläre Sonnenuntergänge.

/

1 Den Tee mit 200 ml Wasser aufbrühen, ziehen lassen, durch ein Sieb gießen und abkühlen lassen.

2 Tee, Wodka (für alkoholfreie Variante weglassen), Nektar, Zitronensaft und Sirup in ein Cocktailglas geben und mit Eiswürfeln auffüllen. Shakerbecher aufsetzen, gut shaken und den Cocktail zurück ins Glas gießen. Nach Belieben mit Minze dekorieren.

Für 1 Drink

etwa 10 Minuten (ohne Abkühlzeit)

Kräutertee mit Minze und Apfel

ZUTATEN

2 TL Kräutertee mit Minze und Apfel
20 ml Wodka (für alkoholfreie Variante weglassen)
60 ml Maracujanektar
20 ml Zitronensaft
20 ml Blutorangensirup
5–6 Eiswürfel

MAR-TEA-NI

Das würde James Bond garantiert beeindrucken: Sein Lieblingsdrink als Variante mit gesundem Zitronen-Grüntee und somit »aufgebrüht, nicht geschüttelt«.

/

1 Für den Drink mit Alkohol Tee und Gin in einen Shaker oder in ein Glas geben und 1 Minute ziehen lassen. Wermut und Eiswürfel dazugeben und gut umrühren. Drink durch ein feines Sieb in ein Martiniglas gießen. Mit der Olive servieren.

2 Für die alkoholfreie Variante beide Tees mit Sirup und Eiswürfeln in einem Shaker gut mischen und durch ein feines Sieb in ein Martiniglas gießen.

Für 1 Drink

etwa 10 Minuten

Grüntee mit Zitrone/ Schwarztee mit Vanille

ZUTATEN

Mit Alkohol:
2 TL Grüntee mit Zitrone
50 ml Gin
20 ml Wermut
5–6 Eiswürfel
1 grüne Olive (in Salzlake eingelegt; mit Stein)

Ohne Alkohol:
30 ml Grüntee mit Zitrone
20 ml Schwarztee mit Vanille
10 ml Holunderblütensirup
5–6 Eiswürfel

LONG JOURNEY

Wenn die frischblumigen Noten des Grüntees auf fruchtigherbes Blutorangenaroma treffen, dann ist für einen köstlichen Überraschungsmoment im Glas gesorgt.

Für 1 Drink

etwa 10 Minuten (ohne Abkühlzeit)

Grüntee

ZUTATEN

2 TL Grüntee
4 Bio-Limettenspalten
5–6 Eiswürfel
20 ml Blutorangensaft
10–20 ml Agavendicksaft
40 ml Gin (für alkoholfreie Variante weglassen)
1 Physalis

1 Den Tee mit 200 ml Wasser aufbrühen, ziehen lassen, durch ein Sieb gießen und abkühlen lassen.

2 Die Limettenspalten in einem Cocktailglas mit einem Stößel zerdrücken und so viele Eiswürfel dazugeben, bis das Glas zu drei Vierteln voll ist. Blutorangensaft und Agavendicksaft hinzufügen und mit Tee auffüllen. Shakerbecher aufsetzen, gut shaken und den Cocktail zurück ins Glas gießen.

3 Einen Trinkhalm in das Glas und die Physalis als Deko auf den Glasrand stecken.

TEASPIRINHA

In Brasilien galt der Caipirinha lange als Arme-Leute-Drink und heißt so viel wie »kleiner Landarbeiter«. Seit den 1990er-Jahren ist er auch hierzulande sehr beliebt – hier bekommt er eine feine Kräuter-Zitronen-Note.

Für 1 Drink

etwa 10 Minuten (ohne Abkühlzeit)

Kräutertee mit Zitrone

ZUTATEN

2 TL Kräutertee mit Zitrone (z. B. Team Spirit von samova)
1 Bio-Limette, in Stücken
3 TL brauner Zucker
40 ml Cachaça (Zuckerrohr-Spirituose; für alkoholfreie Variante siehe Tipp)
Crushed Ice
1 Bio-Limettenscheibe

1 Den Tee mit 200 ml Wasser aufbrühen, ziehen lassen, durch ein Sieb gießen und abkühlen lassen.

2 Die Limettenstücke in ein Cocktailglas geben und mit dem braunen Zucker bestreuen. Das Ganze mit einem Stößel zerdrücken. So viel Crushed Ice dazugeben, bis das Glas zu drei Vierteln voll ist. Den Cachaça hinzufügen und mit dem Tee auffüllen. Gut umrühren, einen Trinkhalm in das Glas und die Limettenscheibe auf den Glasrand stecken.

TIPP

Für die alkoholfreie Variante den Cachaça weglassen, dafür den Drink neben dem Tee mit etwas kohlensäurehaltigem Wasser auffüllen.

LONG JOURNEY
TEASPIRINHA

ERDBEER-BOWLE
APPLE DAIQUIRI

APPLE DAIQUIRI

Die Daiquiri-Variante auf Basis von Früchtetee schmeckt herrlich erfrischend. Und mit ein paar Minzeblättern mehr wird daraus im Handumdrehen ein fruchtiger Mojito.

Für 2 Drinks

etwa 10 Minuten (plus 1–2 Wochen Ziehzeit)

Früchtetee mit Apfel und Mango

ZUTATEN

Für die Tee-Rum-Mischung:

12 TL Früchtetee mit Apfel und Mango (z. B. Garden Party von samova)
140 ml weißer Rum

Für den Drink:

140 ml Tee-Rum-Mischung
40 ml Rohrzuckersirup
40 ml Limettensaft
2 Minzeblätter

1 Für die Tee-Rum-Mischung Tee und Rum in einer Flasche mischen, verschließen und 1–2 Wochen ziehen lassen.

2 Für den Drink alle Zutaten in einen Cocktailshaker geben und shaken. Drink auf 2 Cocktailgläser verteilen und jeweils mit 1 Minzeblatt garnieren.

TIPP

Für die Mojito-Variante noch 12 Minzblätter (gewaschen) mit in den Shaker geben, in Gläser abseihen und mit Soda auffüllen.

ERDBEER-BOWLE

Ob als alkoholfreie Variante zur Geburtstagsfeier (siehe Tipp) oder mit Alkohol zur sommerlichen Gartenparty – diese leckere Bowle mit Früchtetee und Erdbeeren passt in der heißen Jahreszeit immer.

Ergibt ca. 1,6 l

etwa 10 Minuten (ohne Abkühlzeit)

Früchtetee mit roten Beeren

ZUTATEN

12 TL Früchtetee mit roten Beeren
24 Erdbeeren
20 Minzeblätter
200 ml Erdbeerlimes
80 ml Erdbeersirup
Eiswürfel zum Servieren

1 Den Früchtetee mit 1,6 l Wasser aufbrühen, ziehen lassen, durch ein Sieb gießen und abkühlen lassen.

2 Die Erdbeeren waschen, putzen und halbieren. Die Minze waschen und trocken schütteln.

3 Alle Zutaten in eine bauchige Schale geben und gut vermischen. Mit Eiswürfeln servieren.

TIPP

Für die alkoholfreie Variante den Erdbeerlimes weglassen und durch die gleiche Menge Erdbeerpüree oder einen Smoothie mit hohem Erdbeeranteil ersetzen.

Für 1 Drink

etwa 10 Minuten (ohne Abkühlzeit)

Rooibos mit Orange

ZUTATEN

2 TL Rooibos mit Orange
3 Bio-Kumquats (oder 1 Bio-Orange)
½ Bio-Limette
40 ml Aperol (für alkoholfreie Variante weglassen)
1 TL Rohrzucker
Crushed Ice
1 Bio-Orangenspalte für die Deko (nach Belieben)

ORANGE TIGRESS

Raubkatzen würden Orange Tigress trinken! Zerstoßene Limette und die Miniorangen Kumquats machen aus gekühltem Rooibos sowie Crushed Ice einen coolen Drink.

1 Den Tee mit 200 ml Wasser aufbrühen, ziehen lassen, durch ein Sieb gießen und abkühlen lassen.

2 Kumquats und Limette waschen, trocken reiben, in kleine Stücke schneiden und mit dem Aperol und dem Rohrzucker in einem Cocktailglas mit einem Stößel zerdrücken. Crushed Ice ins Glas geben, mit Tee auffüllen und gut verrühren. Nach Belieben mit der Orangenspalte dekorieren.

Für 1 Drink

etwa 10 Minuten (ohne Abkühlzeit)

Rooibos mit Orange und Vanille

ZUTATEN

1 TL Rooibos mit Orange und Vanille
1 Bio-Limette (in Spalten)
40 ml brauner Rum (für alkoholfreie Variante weglassen)
20 ml naturtrüber Apfelsaft
20 ml Karamellsirup
5–6 Eiswürfel

FUNKY SAFARI

Ein Teecocktail, der den Rhythmus in sich trägt! Die raffinierte Mischung aus Rooibos, Apfelsaft, Limette und Karamellsirup groovt auch hervorragend in der Night-Version mit Rum.

1 Den Tee mit 200 ml Wasser aufbrühen, ziehen lassen, durch ein Sieb gießen und abkühlen lassen.

2 Die Limettenspalten – bis auf 1 für die Deko – in ein Cocktailglas füllen und mit einem Stößel andrücken. Rum, Saft und Sirup dazugeben. Mit Eiswürfeln und Tee auffüllen. Mit der Limettenspalte garnieren.

ORANGE TIGRESS
FUNKY SAFARI

YENI ISTANBUL
EASY NIGHTS

EASY NIGHTS

Ob alkoholfrei auf Basis von Minz-Schwarztee und Ingwer oder verfeinert mit Sherry und Wodka: Mit »Easy Nights« lässt sich die Nacht ganz entspannt angehen.

Für 1 Drink

etwa 10 Minuten (ohne Abkühlzeit)

Schwarztee mit Minze

ZUTATEN

1 Stück Ingwer (2 cm)
1 TL Schwarztee mit Minze
20 ml Ingwersirup
20 ml Zitronensaft
5–6 Eiswürfel
10 ml Sherry (für alkoholfreie Variante weglassen)
20 ml Wodka (für alkoholfreie Variante weglassen)

1 Den Ingwer schälen und in Scheiben schneiden. Den Tee mit 100 ml Wasser aufbrühen, Ingwer – bis auf 2 Scheiben für die Deko – dazugeben und 4 Minuten ziehen lassen.

2 Den Tee durch ein Sieb in ein Glas gießen und Sirup und Zitronensaft dazugeben. Die Teemischung abkühlen lassen.

3 Ein Cocktailglas mit Eiswürfeln füllen, Sherry, Wodka und 80 ml Teemischung angießen und verrühren. Mit dem Ingwer dekorieren.

YENI ISTANBUL

Dieser Drink mit Raki, gekühltem Schwarztee sowie zweierlei Sirup führt geschmacklich direkt ins pulsierende Nachtleben der Metropole am Bosporus.

Für 1 Drink

etwa 10 Minuten (ohne Abkühlzeit)

Schwarztee mit Minze

ZUTATEN

2 TL Schwarztee mit Minze (z. B. Istanbul Nights von samova)
20 ml Raki (für alkoholfreie Variante weglassen)
20 ml Holunderblütensirup
60 ml klarer Apfelsaft
10 ml Grenadinesirup
5–6 Eiswürfel
Holunderblüten für die Deko (nach Belieben)

1 Den Tee mit 200 ml Wasser aufbrühen, ziehen lassen, durch ein Sieb gießen und abkühlen lassen.

2 Die restlichen Zutaten in ein Cocktailglas geben, mit Tee auffüllen und gut verrühren. Nach Belieben mit Holunderblüten dekorieren.

SUNDOWNER
COSMOPOLITAN TEALOADED

samova
100g
Maybe Baby
BERRYRICH
GLOWY PUNCH

SUNDOWNER

Die Zimtnoten des Tees harmonieren perfekt mit Apfel, Birne und Orange. Für kalte, dunkle Wintertage schmeckt der Drink auch lecker als Punsch (siehe Tipp).

Für 1 Drink

etwa 10 Minuten (ohne Abkühlzeit)

Rooibos mit Zimt

ZUTATEN

2 TL Rooibos mit Zimt
40 ml Whiskey (für eine alkoholfreie Variante weglassen)
40 ml naturtrüber Birnen- oder Apfelsaft
20 ml Limettensaft
20 ml Karamellsirup
3 Spalten von 1 Bio-Orange
5–6 Eiswürfel

1 Den Tee mit 200 ml Wasser aufbrühen, ziehen lassen, durch ein Sieb gießen und abkühlen lassen.

2 Die restlichen Zutaten bis auf 1 Orangenspalte mit Eiswürfeln in ein Cocktailglas geben. Mit dem Tee auffüllen und umrühren. Mit der übrigen Orangenspalte dekorieren.

TIPP

Lässt man das Eis weg und nimmt heißen Tee, so wird daraus ein leckerer Punsch für den Winter.

COSMOPOLITAN TEALOADED

Nicht nur für »Sex and the City«-Fans: Diese Teevariante des Klassikers Cosmopolitan verleiht dem Aperitif eine besonders frische Leichtigkeit.

Für 1 Drink

etwa 10 Minuten (ohne Abkühlzeit)

Grüner Rooibos mit Cranberry

ZUTATEN

1 TL Grüner Rooibos mit Cranberry
20 ml Wodka
15 ml Cointreau
10 ml Limettensaft
10 ml Cranberrysirup
5–6 Eiswürfel
1 Bio-Orangenzeste (nach Belieben)

1 Den Tee mit 100 ml Wasser aufbrühen, ziehen lassen, durch ein Sieb gießen und abkühlen lassen.

2 25 ml Tee mit restlichen Zutaten und Eiswürfeln in einen Shakerbecher geben. Cocktailglas aufsetzen, kräftig shaken und ohne Eis in ein Martiniglas abseihen. Nach Belieben mit 1 Orangenzeste dekorieren.

TIPP

Für die alkoholfreie Variante 30 ml Tee mit 30 ml Cranberrynektar, je 10 ml Lime Juice Sirup und Limettensaft shaken.

BERRYRICH

Der Originalcocktail, »Doctor's Morning Tea«, enthält neben Karamell und Cranberry auch den Tee-ähnlichen Kombucha. Mit rotem Früchtetee wird es jetzt ein echter Teecocktail.

/

1 Den Tee mit 200 ml Wasser aufbrühen, ziehen lassen, durch ein Sieb gießen und abkühlen lassen.

2 Die Limettenspalten in einem Cocktailglas mit einem Stößel zerdrücken. 100 ml Tee (alkoholfreie Variante 120 ml Tee), Nektar, Sirup und Rum dazugeben. Das Glas mit Crushed Ice auffüllen, verrühren und nach Belieben mit 1 Limettenscheibe dekorieren.

Für 1 Drink

etwa 10 Minuten (ohne Abkühlzeit)

Früchtetee mit roten Beeren

ZUTATEN

2 TL Früchtetee mit roten Beeren (z. B. Maybe Baby von samova)
4 Bio-Limettenspalten
40 ml Cranberrynektar
20 ml Karamellsirup
40 ml brauner Rum (für eine alkoholfreie Variante weglassen)
Crushed Ice
1 Bio-Limettenscheibe für die Deko (nach Belieben)

GLOWY PUNCH

Caribbean Spirit: Rum ist DIE Spirituose in der Karibik und findet sich daher in vielen Cocktails wieder. Rumpunch ist einer der bekanntesten. In unserer Version wird der Drink mit rotem Früchtetee verfeinert.

/

1 Tee mit 100 ml Wasser aufbrühen, ziehen lassen, durch ein Sieb gießen und abkühlen lassen.

2 Den Tee mit den restlichen Zutaten mit Eiswürfeln in ein Cocktailglas geben. Shakerbecher aufsetzen und mixen. Drink zurück ins Glas gießen und mit einem Trinkhalm servieren.

TIPP

Für die alkoholfreie Variante 60 ml Tee mit 50 ml Orangensaft, 20 ml Havana-Sirup (Sirup mit Rumaroma) und je 10 ml Zitronensaft und Grenadinesirup shaken.

Für 1 Drink

etwa 10 Minuten (ohne Abkühlzeit)

Früchtetee mit roten Beeren

ZUTATEN

1 TL Früchtetee mit roten Beeren
40 ml brauner Rum
50 ml Orangensaft
20 ml Grenadinesirup
1 Spritzer Angostura (Bitterlikör)
5–6 Eiswürfel

REGISTER

REGISTER NACH TEESORTEN

TEXT- UND BILDNACHWEIS

TEXTNACHWEIS

Der Verlag dankt folgenden Personen und Organisationen für die freundliche Genehmigung zum Abdruck von Rezepten, die alle für samova entwickelt wurden:

Burcin Boo Bektas: 97, 98, 123; Janine Hegendorf: 93 u.; Philip Schulz: 177 o., 183 o.; Karen Lang: 68 o.; Martin Morris: 50, 63, 85, 92, 94, 103, 105, 106, 107, 109, 112, 115, 118, 119, 122, 124, 127, 130, 133, 134, 137, 139, 142, 145, 146, 149, 150, 155, 158, 159, 160 o., 163, 164; Nick Plasa: 69, 70, 74, 78, 79, 81, 88, 93 o., 102; Esin Rager, Errol Ilercil und Team: 48, 49, 54, 55, 62, 73, 82, 89, 160 u., 167, 172, 173, 174, 177 u., 180, 183 u., 186, 187; Nina Schley: 68 u.; Sandra Trüdemann: 59

BILDNACHWEIS

Der Verlag dankt folgenden Personen und Organisationen für die freundliche Genehmigung zum Abdruck von Illustrationen und Fotos:

(Abkürzungen: o = oben, u = unten, m = Mitte, l = links, r = rechts, g = ganz, Hg = Hintergrund)

Alle Illustrationen: Carsten Raffel für samova, außer 13 DK Verlag

Alle Fotos: DK Verlag, **außer 3 Getty Images / iStock:** sanychss. **4 123RF.com:** larryratt (gor); Milos Ljubicic (ul). **Getty Images / iStock:** brizmaker (mr). **6-7 123RF.com:** larryratt. **8 123RF.com**: Olga Gagarova (ur); Dmitry Rukhlenko (gor). **Getty Images / iStock:** Svetlana_nsk (ul). **9 Getty Images / iStock:** sanychss. **12 123RF.com:** Dmitry Rukhlenko. **16-17 Getty Images / iStock:** Svetlana_nsk (ul). **20 123RF.com:** Olga Gagarova. **29 Dreamstime.com:** Maceofoto (mlu). **32 Getty Images / iStock:** Gilmanshin (gor). **33 123RF.com:** Jaromir Chalabala. **35 Getty Images / iStock:** sanychss. **45 Getty Images / iStock:** sanychss. 56-57 123RF.com: larryratt. **65 Getty Images / iStock:** sanychss. **111 Getty Images / iStock:** sanychss. **129 Getty Images / iStock:** sanychss. **141 Getty Images / iStock:** sanychss. **153 Getty Images / iStock:** sanychss. **169 Getty Images / iStock:** sanychss. **178-179 Getty Images / iStock:** CabecaDeMarmore. Umschlag Vorder- und Hinterseite: **Getty Images / iStock:** Punnarong (Aquarell Hintergrund), sanychss (Leinen). Umschlag Vorderseite: **Getty Images / iStock:** Bitter (Schneebesen).

Weitere Informationen: www.dkimages.com

IMPRESSUM

samova GmbH & Co. KG
Öjendorfer Weg 30a
22119 Hamburg
www.samova.net

samova

Rezepte Mit freundlicher Genehmigung von samova, siehe Textnachweis
Texte Martin Morris, DK Verlag
Foodfotografie StockFood Studios/Sandra Wiese, andere siehe Bildnachweis
Lektorat Eva-Maria Hege
Innengestaltung, Typografie & Realisation Anna Schlecker, München
Cover- & Innengestaltung Franziska Creutzburg
Illustrationen Carsten Raffel, andere siehe Bildnachweis

FÜR DEN DK VERLAG:
Verlegerin Monika Schlitzer
Programmleitung Heike Faßbender
Projektbetreuung Cornelia Sippli
Herstellungsleitung Dorothee Whittaker
Herstellungskoordination Franziska Creutzburg
Herstellung Franziska Creutzburg

ISBN 978-3-8310-4597-6
Repro Farbsatz, Neuried/München
Druck und Bindung L.E.G.O. S.p.A., Italien

FSC www.fsc.org MIX Papier | Fördert gute Waldnutzung FSC® C023419

www.dk-verlag.de

HINWEIS
Die Informationen und Ratschläge in diesem Buch sind vom Autor und vom Verlag sorgfältig erwogen und geprüft, dennoch kann eine Garantie nicht übernommen werden.
Eine Haftung des Autors bzw. des Verlags und seiner Beauftragten für Personen-, Sach- und Vermögensschäden ist ausgeschlossen.

Soweit nicht anders angegeben, beziehen sich die Temperaturangaben für den Ofen auf Ober- und Unterhitze. Bei Umluft verringert sich die Temperatur um etwa 20 °C. Beachten Sie hierzu gegebenenfalls auch die Angaben des Herstellers.